JN252145

英語力を伸ばす教育実践

—興味・関心を高める日本と海外の取り組み—

岡田靖子 著

風間書房

目　次

第1章　ヨーロッパ3か国の教育事情が日本の児童教育に示唆すること
—アイスランド・ノルウェー・リヒテンシュタインの場合—

1　はじめに

最近では，海外諸国において初等教育課程における外国語教育が急速に広まりつつある．日本では平成14年度より新学習指導要領が施行され，小学校第3学年以上では「総合的な学習の時間」の中で国際理解教育の一環として英語活動などが実施されている[1)]．ヨーロッパでも欧州連合（European Union：EU）や欧州評議会（Council of Europe）が中心となり，2001年を「ヨーロッパ言語年2001」（The European Year of Languages 2001）と定めて，ヨーロッパにおける言語教育の重要性を強調した．この教育政策として，次の目標が設定された．

> The Commission's objective is a European Union where everybody speaks several languages. All those leaving compulsory education should be able to communicate in at least two European languages in addition to their mother tongue and then be able to build on that knowledge for the rest of their lives（European Communities, 2002).

上記の目標を達成するために，EU諸国では教育政策を掲げて異文化理解の促進や複数言語運用能力の育成を目指している．ヨーロッパで外国語教育が重視されるようになった背景の1つとして，国際貿易の増加によって母語

1）日本では平成23年度から新しい学習指導要領が実施され，小学校5年生と6年生で年間35時間（週1コマ）の「外国語（英語）教育」が導入されている．

以外でのコミュニケーションの必要性が指摘されている（European Commission, 2001）．そのため，外国語教育については早期言語学習政策が必須の課題とされている．

本章では，ヨーロッパの国際機関の１つである欧州自由貿易連合（European Free Trade Association：EFTA）加盟国のうち，EU 諸国と欧州経済領域（European Economic Area：EEA）協定を結んでいるアイスランド・ノルウェー・リヒテンシュタインの初等教育課程における外国語教育の内容について考察する．また，３か国における早期言語教育の現状と動向について明らかにし，日本の小学校で外国語学習を導入する際にどのような示唆が得られるかについて考える．なお，３か国の学校教育制度や初等教育期間が異なるために，

地図 1-1　ヨーロッパ地図

この章では「教育の国際標準分類」(International Standard Classification of Education) を用い，レベル1 (Primary education: First stage of basic education) に該当する教育段階の内容について調査する．すなわち，アイスランドとノルウェーの場合，義務教育開始より7年間，リヒテンシュタインに関しては初等教育開始より5年間の外国語教育の内容を検討する．(3か国の位置関係は地図1-1を参照)．

2　欧州自由貿易連合と欧州経済領域

2.1　ヨーロッパの経済機構

EFTAは，貿易自由化による経済の安定と活性化を目的とする経済機構である．この組織は，1960年にオーストリア・デンマーク・ノルウェー・ポルトガル・スウェーデン・スイス・英国の7か国によって結成された．1970年にはアイスランド，1986年にはフィンランド，1991年にはリヒテンシュタインが加わった．しかし，EUに加盟するために1972年には英国・デンマーク，1985年にはポルトガル，1995年にはオーストリア・フィンランド・スウェーデンが脱退した．現在，EFTA加盟国はアイスランド・スイス・ノルウェー・

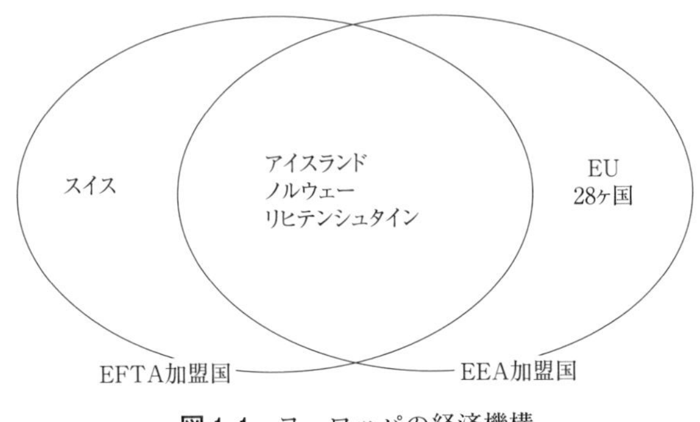

図1-1　ヨーロッパの経済機構

リヒテンシュタインの4か国である（図1-1参照）.

欧州単一市場の実現を目指すEFTAは，1992年にEUとEEA協定を締結した．スイスは国民投票によってEEAの参加を否決したために，EFTA加盟国の中でこの協定を結んでいる国はアイスランド・ノルウェー・リヒテンシュタインである．このように，EU加盟国を含んだ統合市場が誕生したことによって，加盟国内における人材やサービスが自由に移動できるようになった（Delegation of the European Commission in Japan, 1998）．また，教育や研究開発などの重要な分野においても，EFTA加盟国（スイスを除く）はEUとの共同の課題に取り組んでいる.

2.2　EFTA/EEAの国事情

2.2.1　アイスランド事情

アイスランドはヨーロッパの中でも最も人口密度の低い国である．人口は28万人[2)]，国土面積は103,000平方キロメートルで，これは日本の約4分の1に相当し，人口密度は1平方キロメートルにつき3人弱である．スカンジナビア諸国からノルウェーの圧制を逃れてきた北欧民族と，イギリス諸島に移民していたケルト民族から構成されている．930年にはアイスランド共和国が建国されたが，1304年にはデンマーク領となった．1944年にデンマークから独立し，再びアイスランド共和国となった.

アイスランドでは，古代ノルウェー語に属するアイスランド語（Icelandic）を使用している[3)]．長期にわたるデンマーク支配の影響によって外来語が多く導入されたが，独立後はアイスランド語での用語が新しく作られた．現在，アイスランド人は言語の孤立の危機に直面しており，教育分野における外国語教育は重要な地位を占めている（Eurydice, 2001a）.

---

2) 2013年1月時点では，全人口は321,857人である（European Commission, 2013）.

3) 2011年に議会においてアイスランド語とアイスランド手話言語の地位に関する法律案が可決され，現在ではアイスランド手話言語も第一言語と認められている（European Commission, 2013）.

2.2.2 ノルウェー事情

ノルウェーはヨーロッパの北西に位置し，スウェーデン・フィンランド・ロシアと国境を接している．国土面積は385,364平方キロメートルで，日本とほぼ同じ広さである．デンマークの属領やスウェーデンとの連合関係という歴史を経て，1905年に再び独立国家になった．のちに，多くの移民や難民がノルウェーに職を求めて移住した結果，現在の人口は450万人を数え，その中でも先住民族のサーミ人は約32,000人で，移民人口が約232,000人を占めている[4]．

ノルウェーの公用語はノルウェー語（Norwegian）である．書き言葉は2種類あり，1つはデンマーク語の影響を受けたブークモール語（Bok moel）で，もう1つはニーノシュク（Nynorsk）である．教育用語は学校によって異なるが，ノルウェー語話者の児童や保護者が選択できる（Eurydice, 2001a）．サーミ人の児童はサーミ語で義務教育および中等教育を受ける権利が保障されている．

2.2.3 リヒテンシュタイン事情

リヒテンシュタインは国土160平方キロメートルの小国で，日本の小豆島の面積と同じくらいの広さである．人口約32,000人のうち，35％が外国人で占められている[5]．神聖ローマ帝国の領域内に1719年にリヒテンシュタイン侯国を創立し，オーストリアとの関係を強めた．第一次世界大戦後，リヒテンシュタインはスイスと関税同盟を締結し，さらに第二次世界大戦においては非武装中立の立場を示した．現在もこの主義を基本とし，軍備は保持していない．

リヒテンシュタインの公用語はドイツ語であり，とくにドイツ語のアレマ

4）2013年10月時点では，人口は約510万人であり，50万人以上がオスロ（首都）に住んでいる．サーミ人は約20,000人である．移民人口は全体の14％を占める（European Commssion, 2013）．
5）2013年度人口統計によると，人口は約37,129人．人口の3分の1は外国人で，主にスイス・ドイツ・オーストリア・イタリアからの移民である（Liechtenstein Marketing, 2015）．

ン方言（Alemannic dialect）が使用されている．ドイツ語は教育用語でもあり，多くの学校で使用されている．最近では，移民労働者とその子どもに対するドイツ語とアレマン方言教育に関する問題が指摘されている．

3　外国語教育の歴史と現状

3.1　外国語教育の歴史

ヨーロッパの初等教育において，外国語教育政策は以前から取り組まれていた課題である．EFTA や EEA 加盟国のうち，ノルウェーでは 1969 年から，アイスランドでは 1973 年から小学校で外国語を指導している．一方で，リヒテンシュタインの小学校では 1996 年から外国語教育を実施している（European Commission, 2001）．

アイスランドは外国語教育の重要性を強調しつつ，歴史的・文化的な観点からデンマーク語教育を優先していた（Council of Europe, 1997）．1944 年にデンマークから独立した後，第一外国語はデンマーク語とされた．1940 年代後半になるとデンマーク語教育は 8 年生，英語教育は 9 年生から開始された．1970 年代に入ると初等教育レベルにおける外国語教育に関する調査が実施され，その結果，デンマーク語教育は 5 年生から開始されるようになった．1999 年には国家統一カリキュラムガイド（National curriculum guide）が改訂されたことにより，5 年生で第一外国語として英語，7 年生で第二外国語としてデンマーク語が導入されるようになった（European Commission, 2001b）．

ノルウェーでは 1889 年以降，小学校で外国語が教えられていたが，その対象は中等学校に進学を希望する児童だけであった．しかし，1969 年に英語が第一外国語になると同時に必修科目とされた．1954 年から 1974 年までの 20 年間は，義務教育で英語指導に関する様々な試みが行われた．以前は 4 年生で英語教育が開始されていたが，1997 年に新しい教育カリキュラムが導入されると1年生で英語が第一外国語として指導されるようになった．早期に外国語教育を開始することにより，児童の言語一般に関する幅広い理解と認識を高めることを目指す（Council of Europe, 1997）．

ヨーロッパにおける外国語教育の発展にともない，リヒテンシュタインでも自国の言語政策が変化せざるを得なかった．1996/1997年度に初めて小学校で外国語が導入され，3年生から第一外国語として英語が本格的に導入された（Council of Europe, 1997; European Commission, 2001）．

3.2　クラスサイズ

小学校における外国語のクラスサイズの規定に関してはそれぞれ異なる（European Commission, 2000, 2001）．たとえば，アイスランドでは外国語クラスについて人数の規定は設けておらず，それぞれの自治体に一任されている．ノルウェーの場合，1997/1998年度は最大28名と決められており，最小人数についてはとくに制限が設けられていない．一方，リヒテンシュタインでは最大24名，最小12名と定められている．なお，3か国とも外国語以外のクラスサイズについても外国語と同じ規定が適用される．

3.3　外国語および国語教科に関する授業時間

初等教育課程における年間の授業時間数と割合を表1-1に示した．3か国に共通しているのは，2年生と5年生を比較した場合，外国語教科の授業時

表1-1　外国語と国語教科の年間授業時間の配分（1997/1998年度）

	外国語		国語	
	2年生	5年生	2年生	5年生
アイスランド	0（0%）	（1999/2000年度より5年生から学習）	158（25%）	136（19%）
ノルウェー	18（3%）	67（9%）	171（30%）	147（19%）
リヒテンシュタイン	0（0%）	58（6%）	320（41%）	180（20%）

単位：時間

（European Commission 2000より作成）

間数が増加の傾向にあることである．

アイスランドの場合，外国語教育は5年生より開始される．ノルウェーの2年生と5年生を比較した場合，外国語の授業時間数は18時間から67時間であり，約50時間も増加している．リヒテンシュタインでは3年生で外国語教育が始まると，5年生では58時間学習する．一方，3か国の国語教科の授業時間数を見てみると，合計時間は減少の傾向にある．アイスランドとノルウェーでは2年生で国語の授業時間数の配分がそれぞれ25%と30%を占めているが，5年生ではどちらも20%以下に減少している．リヒテンシュタインの場合も同様で，2年生と5年生の授業時間数の合計を比較すると320時間から180時間になり，140時間も減少している．

3.4　外国語教科のカリキュラム

アイスランドとノルウェーの初等学校では，聞く・話す・読む・書くことの4技能をバランスよく教えている．一方，リヒテンシュタインでは聞く・読むことを中心とした指導方法を取り入れ，外国語の理解を優先している．

文法指導については細かい規定は設けておらず，指導内容に応じて目的と指導方法をまとめている(European Commission, 2001)．アイスランドでは，(1)自己の認識と他者の理解，(2)文化的視野の拡大，(3)将来における留学を視野に含めた準備の3つを目標として掲げている．これらの目的を達成するために，発話において外国語による間違いの訂正は，最小限に抑えられるべきであると指摘されている．

ノルウェーのカリキュラムでは，包括的な外国語教育の目標として以下の3点をあげている．まず，外国語能力の向上と外国人や外国の文化との交流を促進することである．次に，自国と外国の文化の理解とコミュニケーションの状況や言語に関する認識を向上させることである．最後に，外国語学習の目的と効率的な学習方略を考えることである．具体的な方法としては，実践的・理論的なアプローチを採用しており，言語の誤使用は学習プロセスにおける言語能力の発達とみなされる．

リヒテンシュタインの総合的な目標として，児童がコミュニケーションをとるための準備，コミュニケーションに必要とされる能力の育成の２点があげられる．そのために，カリキュラムではコミュニカティブ・アプローチを用いた指導方法が取り入れられている．また，３年生から５年生で学習する語彙と文法のリストが作成された（H. Kranz, personal commucation, December 16, 2002）．語彙リスト[6]では動物や健康などの 26 グループに分類し，たとえば，動物のカテゴリーでは cat や dog を含む７語は３年生，parrot や elephant などを含む 18 語は４年生，spider と snake の２語は５年生の必須単語とされている．文法リスト[7]の内容は６項目に分類されており，語彙リストのように学年ごとに分類されてはいないが，３年生からの３年間で学習すべき表現や言語構造が明確に示されている．たとえば，文法リストには疑問文と答え方・人称代名詞・動詞が含まれている．

4　外国語教員の資格および研修

4.1　教員の資格

初等学校における外国語の指導教員は，次の３種類に分けられる．１つ目は学級担任（generalist teacher）で，外国語を含む全ての教科を担当する．２つ目は複数専科教員（semispecialist teacher）と呼ばれ，外国語以外の教科も担当する教員である．３つ目は外国語教科だけを担当する専科教員（specialist subject teacher）であり，外国語を専門に教える資格を持つ．

アイスランドでは学級担任が外国語授業を担当するが，複数専科教員や専科教員が教える場合もある（European Commission, 2001）．

6）語彙リストの詳細については第２章の資料１を参照．
7）文法リストの詳細については第２章の資料２を参照．

ノルウェーの初等学校では，学級担任または複数専科教員が外国語を教えるが，5年生から7年生の授業では専科教員が指導することもある（European Commission, 2001）．ノルウェーの教員は，教員養成大学（Teacher Training College）を卒業するに際に小学校の教員資格を取得するが，大学では外国語が必修科目とされていない．したがって，小学校教員のほとんどが，英語教育に関する授業を履修していない場合が多い．さらに1997年度から新しい教育カリキュラムが施行され，外国語教科の開始年齢が1年生に引き下げられたことから，外国語教育の経験が少ない教員が英語を教えることに対する懸念が指摘されている（Council of Europe, 1997）．

リヒテンシュタインでは，学級担任が外国語を指導する（European Commission, 2001）．それ以外の場合，言語アシスタントと協力して授業を教える（Council of Europe, 1997），または母語話者や教員としての資格はないが外国語に堪能な者が教科担当として採用され，英語を指導することもある．

また，3か国において教員の有資格者以外でも下記の条件が満たせる場合は，外国語担当教員として採用される場合もある．

- Qualified teaching staff with a foreign language teaching qualification;
- Teaching staff without teaching qualifications who are proficient in the foreign language;
- In-service teachers not qualified to teach foreign languages who have received additional training.

（European Commission, 2001, p. 121）

4.2　教員の研修

初等教育レベルで教える現職教員を対象とした研修内容は，国によって大きく異なる（European Commission, 2001）．アイスランドでは2年間で合計80時間の研修が用意されており，必修科目と選択科目を履修することが義務づけられている．ノルウェーの研修では複数科目を履修することになっている．

また，アイスランドとノルウェーは，研修プログラムの中に外国語が必修科目とされている．さらに，教師の種類によって履修する科目も異なっており，たとえば，教員や複数専科教員の場合，「心理学・教育学」「言語学」「文化と文明」の3科目を履修しなければならない．リヒテンシュタインでは，研修に関する詳しい内容は決められていないが，4年ごとに最長4週間まで教員が指導している外国語の研修を受けることが可能であり，受講する場合は必修・選択の両科目を履修する．

また，教員研修の内容について3か国に共通している点は，教授法（Methodology），目標言語の上級コース（Advancement course in the target language），目標言語の国の文化に関する知識（knowledge of the target language country），情報とコミュニケーション技術（Information and communication technology）の4つのテーマを含んでいることである．

5　考察

5.1　外国語教育の早期化

3か国の共通点として，小学校2年生と5年生の授業時間の合計を比較した場合，学年が上がるにつれて外国語の授業時間が増加するのに対し，国語の授業時間は減少する傾向が見られる．これは，初等教育レベルにおける外国語教育の重要性が高まりつつあることを示している．さらにノルウェーの例からもわかるように，日本を含む諸外国においても外国語教育がますます早期化されると考えられる．

日本の初等教育では外国語は必修教科ではないが，今後「総合的な学習の時間」の枠組みで英会話活動を通じて導入する小学校が増加するだろう．平成14年度から施行されている小学校学習指導要領によると，国語教科の年間の授業時間は2年生で210時間，5年生で135時間となっている（文部科学省，1998）．3か国と同様に，日本でも学年が上がるにつれて国語の授業時間が減少している．

5.2　指導内容と目標

3か国の外国語カリキュラムは，初等教育における外国語を必修教科としているが，文法項目などの指導内容については詳細まで明記されていない．しかし，4言語技能，すなわち，読む・書く・話す・聞くことのうち，どの技能を中心に指導するかについては明確に示している．

日本でも，「総合的な学習の時間」に英語活動が導入されることをふまえて，文部科学省（2001）によって『小学校英語活動実践の手引き』が作成された．それによると，小学校では音声を中心とした英語活動を実施する一方で，指導の内容・方法に関しては学級担任に委ねられる範囲が大きい．中学校で英語が必修教科として指導されることを考慮すると，小学校では英語活動の内容を充実させ，小・中の連携が念頭に置かれたカリキュラムを作成することが必要だろう．

5.3　教員資格と研修

この章で取り上げた3か国で実施されている研修内容と比較した場合，日本の小学校教員を対象とした外国語指導力の向上を目的とした研修はまだ十分な内容でないと言えそうである．2001年10月から文部科学省は，5日間の「小学校英語活動研修講座」を実施しているが，学級担任が他の教科と同様に外国語の指導に当たるためには，現行よりさらに長期にわたる研修を設け，研修内容の充実を図ることが望ましいだろう．

6　おわりに

以上，ヨーロッパ3か国の外国語教育のあり方が，今後の日本の早期外国語教育に与える示唆をいくつか述べてみたい．まず，リヒテンシュタインやノルウェーで実施されているように，日本の初等教育において30名以下のクラスサイズを法律で義務づけることが可能ではないかと思われる．現在，日本は少子化の傾向にあることは明らかである．その点をふまえて，将来的にはそれぞれの学校においてクラス編成を行う際に，1人ひとりに対するきめ細やかな教育を実施できるよう教師1人当たりに対する児童数を減少させることが理想である．総体的な教師の人数を減少させることを念頭におくのではなく，教育の資質の向上を目指すにはどのようなクラス編成を行うべきかについて検討すべきではないだろうか．しかし，この問題を解決するには，政府や自治体に対して充実した英語教育実現のための予算措置を念頭に置く必要もあるだろう．

また，ヨーロッパ3か国では時間数とは関係なく，時間割全体に対する国語の割合が2年生と5年生を比較すると減少している．もし日本の小学校で英語が必修教科として導入されるのであれば，国語教科，すなわち日本語の教育をおろそかにしてはいけない．現状では，低学年から学年が上がるにつれて国語の年間授業時間が減っている．初等教育において重要なのは，母国語を通して自分の意思や考えを伝えることができるように，コミュニケーション能力を育成することである．児童が外国語に触れることで異なる文化や価値観を持つ人々を受け入れ，相互に認め合えるような人間性の育成を目指すことを理想とすべきだと考えられる．

今後，外国語教育が小学校で「総合的な学習の時間」の一環としてではなく，本格的に教科として導入されるのであれば，より充実したカリキュラムの作成が望まれる．そのためには，まず小学校での外国語教育の位置づけを明確にすることが重要である．「国際理解」の一環としての英語活動ではなく，言語運用能力の育成という2つの目的を達成するための授業が行われる必要があろう．さらに，学級担任も含めた外国語教育に携わる教員に対する研修制度も，現在の短期間ではなく長期的な研修を用意し，外国語の教授法を指導したり，教員に外国語を受講させたりすることも必要だと思われる．いずれにせよ，カリキュラムの内容や教員の資質と能力の向上という問題は，小学校での外国語教育を成功させるために不可欠な要因の１つである．

最後に，「外国語」といえば英語を指すことが圧倒的に多いことは，日本を含め本章で取り上げたヨーロッパ３か国を例にとっても否定できないことである．歴史的な背景から英語以外の外国語を初等教育レベルで導入する国もあるが，国際語としての英語の役割を考慮すると，結局，英語教育を重視せざるを得ない現実が見受けられる．日本の小学校でも国際理解のために「総合的な学習の時間」に外国語会話が含まれている．そして，その外国語は疑いもなく「英語」を指していると言ってもよい．将来，他の外国語が英語に取って代わることは，まず考えられないだろう．今後，研究者や小学校教師が課題とすべきことは，国際理解の必要性とその外国語教育との関連性を授業の中で児童に明確に伝達することだろう．

英語文献

Council of Europe/European Centre for Modern Languages (1997). *National reports based on the discussion in the 1997 ECML colloquy.* Retrieved from
http://www.ecml.at/documents/members/Iceland_newNR.pdf
http://www.ecml.at/documents/members/LiechtensteinNR.pdf
http://www.ecml.at/documents/members/NorwayNR.pdf

Delegation of the European Commission in Japan (1998). Europe magazine—January/February. Retrieved from
http://jpn.cec.eu.int/japanese/europe-mag/index.htm

European Commission/Directorate-General for Education and Culture, Eurydice, and Eurostat (2000). *Key data on education in Europe—1999/2000.* Luxembourg, Office for Publications of the European Communities.

European Commission/Directorate-General for Education and Culture, and Eurydice (2001). *Foreign language teaching in schools in Europe.* Luxembourg, Office for Publications of the European Communities.

European Commission/EACEA/Eurydice (2013). *Description of national education system*. Retrieved from
https://webgate.ec.europa.eu/fpfis/mwikis/eurydice/index.php/Norway:Population:_Demographic_Situation,_Languages_and_Religions
https://webgate.ec.europa.eu/fpfis/mwikis/eurydice/index.php/Iceland:Population:_Demographic_Situation,_Languages_and_Religions

European Commission/Eurydice (2001a). *Eurybase 2001 The information database on education systems in Europe*. Retrieved from
http://www.eurydice.org/Eurybase/Application/frameset.asp?country=IC&language=EN
http://www.eurydice.org/Eurybase/Application/frameset.asp?country=LI&language=EN
http://www.eurydice.org/Eurybase/Application/frameset.asp?country=NO&language=EN

European Commission/Eurydice (2001b). *National summary sheets on education systems in Europe and ongoing reforms*. Retrieved from
http://www.eurydice.org/Documents/Fiches_nationales/en/frameset_fiches_menu_EN.html

European Communities (2002). *The European year of languages 2001*. Retrieved from
http://europa.eu.int/comm/education/languages/actions/year2001.html

Liechtenstein Marketing (2015). *Facts and figures 2015*. Retrieved from The principality website: http://www.liechtenstein.li/fileadmin/Dateiliste/wirtschaft-li/Dokumente/Downloads/Presentation_Facts_and_Figures_2015-16_9.pdf

日本語文献

文部科学省（1998).『小学校学習指導要領』Retrieved from
http://www.mext.go.jp/a_menu/shotou/index.htm

文部科学省（2001).『小学校英語活動実践の手引き』開隆堂

第2章　リヒテンシュタイン侯国における小学校英語教育からの一考察

1　はじめに

最近の外国語教育の傾向として，その学習開始時期が早期化していることがあげられる．日本でも2002年度から新学習指導要領が施行されると，小学校3年生から「総合的な学習の時間」に国際理解教育の一環として英語活動などの外国語教育が導入された．その結果，2002年度では公立小学校の約5割強が実際に英会話活動を実施したと報告されている．また，小学校英語教育に関する研究も数多く行われ（樋口，1997; 松川，2002; 石濱，2003; 中井，2003; 河原，2003），指導目的から授業実践の試みまでの多岐にわたって議論が交わされている．

一方，ヨーロッパ諸国では欧州連合（European Union：EU）による多言語政策のもとで母語以外にEU加盟国で使用されている公用語の中から2言語を習得することが推進されている．それと同時に，小学校における外国語教育がカリキュラムの一部になりつつある．ヨーロッパにおける外国語教育に関する研究では，EU加盟国を対象としたものが中心であった．それ以外のヨーロッパ諸国，たとえば，欧州自由貿易連合（European Free Trade Association：EFTA）などの加盟国（アイスランド・スイス・ノルウェー・リヒテンシュタイン）については，あまり言及されることはなかった．これらのヨーロッパ諸国を取り上げた研究については，岡田（2003）がEFTA加盟国（スイスを除く）の教育事情を考察し，日本の早期外国語教育への示唆を提示している．

本章では，EFTA 加盟国の中からリヒテンシュタイン侯国（以下リヒテンシュタイン）を例にとりあげ，小学校における英語教育の現状に焦点を当て，言語政策の方向性を考察する．その目的は，日本における小学校の外国語教育政策への一助にすることである．リヒテンシュタインを選んだ理由は2つあり，1つ目は，小学校における英語教育が日本の英語会話活動の開始時期と同じ3年次から実施されているからである．もう1つは，小学校英語教育の指導内容や教員研修制度の視点から，日本の小学校英語の導入に示唆を与えると考えるからである．

2　リヒテンシュタインについて

リヒテンシュタインはライン川の東側に位置する国で，スイスとオーストリアと隣接している（地図2-1）．世界で6番目に小さく，また世界で6番目に人口の少ない国としても知られている．表2-1ではリヒテンシュタインの概要を示している．

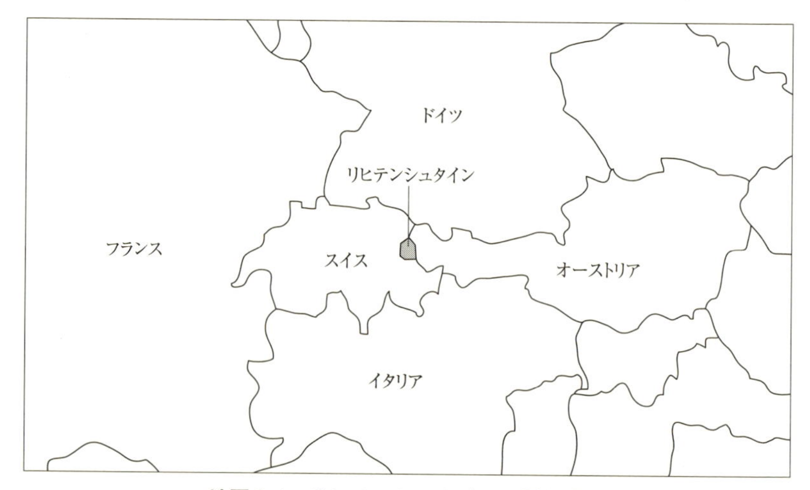

地図 2-1　リヒテンシュタインの周辺地図

表2-1　リヒテンシュタインの概要[8)]

国名	リヒテンシュタイン公国（Principality of Liechtenstein）
面積	160平方キロメートル（小豆島にほぼ相当）
首都	ファドゥーツ（Vaduz）
人口	32,015人（1998年）うち約34.8%が外国人
言語	主要言語はドイツ語（Standard German）， 日常生活においてはドイツ語のアレマン方言（Alemannic dialect）
宗教	カトリック80%，プロテスタント7%

外務省（2001）

3　初等教育

リヒテンシュタインの初等教育は義務教育である．7歳で入学し，修業年限は5年である．国内に公立小学校が14校あり，在籍児童数は2,122名（2001/2002年度）である．

3.1　授業時数

3年生は週あたり28時間（1単位時間は45分），4・5年生は各30時間の授業時間が確保されている．年間授業時数にした場合，3年生は1,120時間，4年生と5年生は各1,200時間に換算される．

3.2　クラスサイズ

1クラスあたりの児童数の基準は，最大24名，最小12名である．1クラスの平均児童数は16.13名（1998/1999年度）となっている．

8）外務省による表記は「リヒテンシュタイン公国」となっているが，リヒテンシュタインの正式国名（ドイツ語）はFürstentum Liechtenstein「侯爵（Fürst）の治める国」という意であることから，本章では「リヒテンシュタイン侯国」を国名表記として使用する．詳しくは植田（1999）を参照．2013年度人口統計では，リヒテンシュタイン人口は37,129人．人口全体の3分の1は外国人で，主にスイス・ドイツ・オーストリア・イタリアからの移民である（Liechtenstein Marketing, 2015）．

3.3 授業科目

小学校では,「算数」(mathematics),「国語」(German),「図工」(graphic design),「音楽」(music),「スポーツ」(sport),「家庭」(textiles and non-textile handicrafts),「宗教」(religion),「人間と環境」(human beings and environment)の8教科を教える.「人間と環境」では様々な学習内容を横断的に指導し,統合的な授業形態が展開されている.英語は3年生から導入される.

3.4 第二言語としてのドイツ語

リヒテンシュタインの主要言語はドイツ語であるが,人口の35%近くが外国人で占められていることからドイツ語を母語としていない児童も少なくない.このような児童が小学校へ入学する際にドイツ語の言語能力が十分でないと判断されると,最大1年間までドイツ語の集中講義を受講できる.この講義は8歳以上の児童が対象である.その他にドイツ語の語学力の不足を補うために,グループまたは個人でドイツ語を受講することも可能である.

3.5 評価方法

教師が児童の評価を実施するうえで,継続的評価(continuous assessment),総括的評価(summative assessment),予測的評価(prognostic assessment)の3つの評価方法を導入している.また,異なる評価方法を熟知するために,研修を受けることが義務づけられている.継続的評価では,学習・人間関係・作業に対する態度を適切に評価することを前提として子どもの能力を育成し,教師は学校での進捗状況に関する直接的なフィードバックを与える.総括的評価では,学習体験を通じて児童の到達目標,または教科の到達目標が達成されているかを確認する.予測的評価は,断続的評価と集約的評価を参考にして,学校生活での今後の成長に関する助言を与える(Schulnetz Liechtenstein, 2002, p. 17).

評価の1つとして通信簿（written assessment）による絶対評価が実施されていたが，2000年度に廃止され，それに代わって口頭評価（oral assessment）が実施されるようになった．この評価方法の導入により，小学校教員は子どもの保護者と面談を年2回実施し，子どもの学習や生活指導について保護者に報告しなければならなくなった．ところが，口頭評価に関して保護者の間から不満が出てきている．保護者は評価を教員との話し合いだけではなく，通信簿の形で受け取ることを希望しているからである．このような保護者の意向をふまえ，リヒテンシュタイン政府は口頭評価と通信簿を組み合わせた新しい評価システムの開発に取り組んでいる（T. Quaderer, personal communication, August 24, 2004）．

3.6　進級と修業制度

多数の児童は進級するが，最終学年（5年生）の時点で正当な理由がある場合，または学校評議会（School Council）の同意がある場合に限り，留年することが可能である．5年生になると学級担任は児童の中等教育機関への進路指導を開始し，2学期にはギムナジウム（Gymnasium），実科学校（Realschule），職業準備中等学校（Oberschule）の3つの中等教育機関から児童に適切な学校を推薦する．推薦校以外への進学を希望する児童がいる場合は，筆記試験の実施が必要とされる．試験結果に基づき，学校評議会が児童の進学校を決定する．

4　外国語教育

4.1　小学校への英語教育導入にあたって

小学校における外国語教育を1996/1997年度から開始し，3年生から英語教育が行われるようになった．その背景の1つとして，1994年9月に学校法

(Schools Act) が一部改正されたことがあげられる (Schulnetz Liechtenstein, 2002). もう1つは, それまではスイスとの親密な関係からフランス語が主要な外国語であったが, 1995年にリヒテンシュタインが欧州経済領域 (European Economic Area：EEA) に加盟したことがきっかけで, 英語が最も重要な外国語と認識されるようになったからである. (Council of Europe, 2002). この小学校の英語教育導入がきっかけとなり, 小・中学校の教育連携を支持する動きが見られるようになった. 2000年には Bridging the Gap Commission という調査委員会が設置され, 小・中学校における英語教育の実態を調査し, 問題点の改善に努めた. 調査の結果, 英語教育における6つの領域 (指導案・時間割・教材・教室における教科指導の監督・教員研修制度・アシスタント) の問題点やその解決策が具体的に提示された.

4.2　英語教育の到達目標

リヒテンシュタインでは, スピーチコミュニケーション能力の育成を小学校英語教育の総合的な到達目標としている. 授業では, 実際に英語を話したり聞いたりすることで理解力の向上を目指している. また, 6つの学習項目において, それぞれのねらいを設定している.

①(聴くこと) 簡単な音声テキストを理解する. また, ネイティブ・スピーカーの会話に興味を持ち, その会話で使用された基本的な構文を理解する.
②(話すこと) 使用可能な語彙を備え, ディスカッションに参加できる.
③(読むこと) 児童の学習レベルに相当する内容を理解する.
④(書くこと) 与えられた課題に取り組み, 正確に書ける.
⑤外国語に興味を持ち, 母語との共通点や違いを見つける.
⑥外国やその文化についての感受性を高める.

この6つの学習項目は小・中学校で共通であり, 学年ごとの目標は設定されていない. その一方で, リヒテンシュタインではダイナミックかつ個人ベースとした教育を基本として取り組んでいるため, 英語教科の目標についても１人ひとりで異なり，学校では包括的な英語教育を実施することが要求される．

4.3　指導内容と教科書

小学校における外国語教育の教材選択の自由とカリキュラムを明確に示すために，語彙や慣用表現（以下語彙リスト）[9]，そして文型や文法事項（以下文法リスト）[10]の一覧を作成し，その内容にそって指導を実施している．語彙リストと文法リストは，マクミラン社から出版されている英語の教科書『Big Red Bus』の語彙と表現（過去形を除く），それ以外の一般的な学習教材，ゲーム，ソフトウェアの内容を参考に作成されている．小学校３年生から５年生までの３年間で，26 領域にわたる語彙や慣用表現（420 語）を学習する．

文法リストに関しては語彙リストのように学年ごとに分類されてはいないが，アルファベット，疑問詞で始まる疑問文，疑問詞を使わない疑問文，人称代名詞，動詞，名詞の６つの領域が学習範囲となっている．指導カリキュラムの内容は『Big Red Bus』に基づいて作成され，３年生は第１巻，４年生は第２巻，５年生は第３巻をそれぞれ使用する．現在は教科書と語彙・文法リストを使って英語の授業を行っているが，将来的には標準教科書を使用することが望ましいと考えられている（T. Quaderer, personal communication, November 18, 2003）．

4.4　教材

使用教材の選択は各教員に委ねられる場合が多い．語彙・文法リスト以外にも，教材の一覧が作成されており，たとえばサジェストピディア（suggestopedia）教材なども小学校教員の判断で使用することが可能である．また中学校では統一された学習教材を開発することによって，小学校との連携強化

9）資料１を参照．
10）資料２を参照．

が期待されている.

4.5　英語の授業時数

現在, 3年生は週2時間, 英語の授業を受けている. そのうち1時間は, 英語の語学学習と教科学習を統合させた指導方法を導入し,「人間と環境」の授業を英語で実施している. しかしながら, この授業において一部の児童は英語が充分に理解できず, そのために学級担任とのコミュニケーションを図れなくなり, 学習につまずくことが指摘されている (T. Quaderer, personal communication, November 28, 2003).

一方, 4年生と5年生は英語が教科として週2時間行われており, そのうち週1時間は学級担任による英語の授業を行い, 残りの1時間は外国語アシスタント (language assistant) とチーム・ティーチング (team teaching) で教える.

4.6　教員資格と教員研修

小学校教員として採用にされるためには, ケンブリッジ英語検定で中級レベルの First Certificate in English に合格していること, またはそのレベルに相当する英語能力を証明する必要がある. このような基準を設けることによって, 児童がより優れた会話や発音のモデルに接することができると考えている. また, 小学校教員が語学講座を受講するためにリヒテンシュタインでは教育省を中心としてコーディネーション・センター (coordination center) の設置を計画している (T. Quaderer, personal communication, December 17, 2003). このような施設で語学講座を定期的に開講すれば, 教員の英語力向上が可能になるだろうとリヒテンシュタイン政府は考えている.

外国語の研修については, 国家レベルで2000年6月までの間に2回実施された (T. Quaderer, personal communication, November 18, 2003). 該当する小・中学校教員130名全員が参加している. 研修内容は国内における1週間の教授法の研修と，6週間の英語圏（英国ケンブリッジ）における海外研修の2部から構成されていた．海外研修では，小・中の教員はイギリス人家庭に滞在しながら現地の学校視察などを行った．この研修の参加費用はリヒテンシュタイン政府によって全額負担されている．なお，この教員研修に参加した教員はリヒテンシュタインの学校で3年以上教えることが義務づけられており，3年以内に辞めた場合は研修費用の一部を返済しなければならない．

4.7　外国語アシスタント

外国語アシスタントとして教えるには，教育や児童関連に携わってきた経験を持つ以外に英語のネイティブ・スピーカーでなければならない．外国語アシスタントの特典として，ドイツ語を無料で受講できる．小学校にあるパソコンを自由に使用することができ，メールアドレスも配布される（T. Quaderer, personal communication, December 17, 2003）．

5　私立小学校における外国語教育

国内には私立小学校が2校あり，1校はルドルフ・シュタイナー（Rudolf Steiner）の教育理念に基づいたWaldorfschule，もう1校はFormatio Tagesschuleである．Waldorfschuleでは，各学年で英語とフランス語が必修教科である．1年生から3年生までは歌や詩を暗唱したり，会話練習したりして外国語学習に取り組んでいる．4年生からは外国語の読み書き，さらに年齢にふさわしい演技（theatre performances）を中心にした指導が行われている．

Formatio Tagesschuleでは1年生からドイツ語と英語のバイリンガル教育を実施し，4年生からはフランス語の授業が外国語として加わる．

6　考察

ここでは，リヒテンシュタインにおける早期外国語教育の政策をふまえて，日本の小学校での英語教育への提言を考える．

6.1　小学校の年間授業時数の再検討

日本とリヒテンシュタインにおける小学校の年間授業時数を比較した場合，学年によって表2-2のように異なる．日本の年間授業時数と比べると，リヒテンシュタインでは3年生で210時間，4年生と5年生では255時間も多い．また，3年生で英語が週1.5時間，4・5年生で2時間が割り当てられている．

一方，日本の小学校では「総合的な学習の時間」において英語活動が実施されるという理由から，英語教育に割り当てられる時間数は学校によって異なる．2002年度から小学校で新学習指導要領が実施された結果，指導内容の約3割が削減された．新しい指導内容の導入が児童の学力を低下させているという不満の声も聞かれる．現行の年間授業時数を変更せずに英語を導入するのはほぼ不可能だろう．小学校英語の導入目的だけでなく小学校教育の実態を明確に把握するためにも，小学校の各授業時数や年間授業時数の全面的な見直しが必須となるだろう．

表2-2　小学校の年間授業時数

	日本	リヒテンシュタイン
3年生	910時間	1120時間
4年生	945時間	1200時間
5年生	946時間	1201時間
6年生	947時間	—

6.2 小・中学校の連携した指導

リヒテンシュタインにおける英語教育では，長期的に英語教育に取り組むことを目指している．そうすることで小学校での英語教育を礎にして，中等教育機関においてはより発展した内容を教えることが可能になる．また，語彙・文型リストを作成することによって初等教育と中等教育の連携に取り組んでいる．英語教育の内容の重複を避けるために，このようなリストが実際に役に立つと考えられる．日本の中学1年生の教科書で扱われる平均語彙数は320語から380語だと報告されている（樋口ほか，2003）が，リヒテンシュタインの小学校では420語の語彙が扱われている．リヒテンシュタインの小学校3年間の英語教育では，日本の中学1年生レベル相当またはそれ以上の語彙を指導していることが明らかである．語彙の種類も見てみると，幅広い分野にわたって，なおかつ児童に親しみやすい語彙を中心にして導入されていることがわかる．外国語アシスタントの資格に関しても，小・中学校において同様の条件で採用することが望ましいとされているため，小・中学校のどの学校で指導したとしても，採用条件や職務内容に大差がないことがうかがえる．

一方，日本の英語教育を小・中学校の連携の視点から見た場合，取り組むべき課題が多く残っているように思われる．小・中学校の連携を進めるために，(1)小学校側から資料を収集し，中学校側が資料を提供する，(2)小・中学校の英語教育についての意見交換や授業見学の機会を設ける，(3)小学校で学習した英語に基づいて中学校での英語教育を工夫するなどの提案されている（樋口ほか，2002）．

また，カリキュラムや指導案，教科書の視点から見た場合，「取り扱う題材（話題・場面）により，機能，表現形式，語彙が必然的に決定される」（樋口，2003，p. 26）ということをふまえると，小学生の発達段階にあった話題・場面を軸とした小学校英語のカリキュラムの作成が急務となる．将来的には高校・大学への連携と結びつくように教員間や学校間のつながりを強化していくことも必要になるだろう．今後，小学校英語教育の現状を分析し，将来的には国家レベルで指導目標，指導内容，教材，指導者研修，外国語アシスタントの条件などの基準を設定していくことが望ましい．

6.3　指導者研修および指導力向上

リヒテンシュタインでは，外国語アシスタントを採用するなどして小学校における英語教育の環境を整えつつある．3年生は学級担任による英語の授業，4年生と5年生は学級担任による授業とチーム・ティーチングによる授業形態を導入することで，国レベルで共通した形態を取り入れている．日本の場合，指導形態は各学校で異なっており，小学校の学級担任が教える場合もあれば，外国語指導助手（ALT）や日本人の専科教員や非常勤講師が授業を担当することもある．しかしながら，山田（2003）も指摘しているように，小学校での英語教育が長期的であるならば外部の人材のみに頼ることは適切ではない．英語の授業も担当できる小学校教員を養成したり，英語力をすでに備えた教員を採用したりすることが必要不可欠になるだろう．

7　おわりに

リヒテンシュタインの小学校における外国語教育政策からもわかるように，日本の小学校で英語を教科として位置づけることを前提とした場合，英語教員の確保や指導内容の明確化などの課題に取り組んでいかなければならない．「総合的な学習の時間」に英語活動が導入されると，文部科学省（2001）によって「小学校英語活動実践の手引」が作成された．これは規程ではないので，英語の授業内容や教え方に関しては学級担任に委ねられる部分が多い．早期における音声の学習効果などの利点を生かした国家レベルの小学校英語に関するガイドラインを早急に設定すべきだろう．そうすれば，中学校への英語教育にスムーズに移行することが可能になる．

教員研修に関しては，日本でも小学校教員の英語力や指導力の向上を目的とした研修を積極的に取り入れていくべきだろう．これから小学校教員を採用する際に英語力が備わっている人材を確保することも考えなければならないだろう．文部科学省（2003）は，「英語が使える日本人」を育成するという国家戦略を打ち出し，その中で，中・高における英語教員の英語力について，英検準1級，TOEFL550点，TOEIC730点程度以上という基準を示しているが，ある程度の英語力を保持する小学校教員を確保するためにも，ガイドラインを設定すべきである．そうすることによって，小学校教員の英語能力に合わせて研修期間を調整するなどの柔軟な対応が可能となるだろう．

リヒテンシュタインの私立小学校の例が示すように，今後は日本でも英語を必修教科として導入する小学校だけでなく，英語で様々な教科を指導している加藤学園のイマージョンプログラムに見られるように，英語またはそれ以外の外国語を教育用語として導入する学校が増加することも考えられる．日本の小学校における英語教育をとりまく学習環境が多様化されていくことは避けられないだろう．日本の小学校での英語教育は，国際理解教育の一環としてすでに始まっている．この章では，リヒテンシュタインの例を取り上げて，日本の小学校の外国語教育で取り組むべき課題について幾つか触れてみたが，ここで取り上げた課題の具体的な解決策については，本章で取り上げた国以外の教育事例を検証しながら，今後の課題として取り組んでいきたい．

英語文献

Council of Europe/European Centre for Modern Languages (2002). *National reports 2002.* Retrieved from http://www.ecml.at/documents/members/LiechtensteinNR.pdf

European Commission (2002). *Key data on education in Europe 2002.* Luxembourg,

Office for Official Publications of the European Communities.

European Commission/Eurydice European Units, Structure of Education, Initial Training and Adult Education Systems in Europe (2003). *Liechtenstein 1999.* Retrieved from http://www.mszs.si/eurydice/pub/eurydice/Liechtenstein_en.pdf

Liechtenstein Marketing (2015). *Facts and figures 2015.* Retrieved from The principality website: http://www.liechtenstein.li/fileadmin/Dateiliste/wirtschaft-li/Dokumente/Downloads/Presentation_Facts_and_Figures_2015-16_9.pdf

Schulnetz Liechtenstein (2002). *The Liechtenstein education system: Principality of Liechtenstein: A documentary account.* Retrieved from http://www.schulnet.li/default2.asp

日本語文献

石濱博之（2003).「公立小学校における「レストランごっこ」を主体にした英語活動に関する授業実践－『ごっこ遊び』は子どもの主体的な活動を促すか－」『日本児童英語教育学会研究紀要』*22*，137-152.

植田健嗣（1999).『ミニ国家リヒテンシュタイン侯国』郁文堂

岡田靖子（2003).「ヨーロッパ3か国の教育事情が日本の児童教育に示唆すること：アイスランド，ノルウェー，リヒテンシュタインの場合」『日本児童英語教育学会研究紀要』*22*，125-135.

外務省（2001).「各国・地域情勢－リヒテンシュタイン公国」Retrieved from http://www.mofa.go.jp/mofaj/area/liechtenstein/data.html

河原弘実（2003).「国際理解のための英語活動」日本児童英語教育学会関東甲信越支部主催小学校英語活動研修会（8月27日）ワークショップにおける口頭発表

中井厚子（2003).「公立小学校におけるいろいろな場面を利用した英語活動」日本児童英語教育学会関東甲信越支部主催小学校英語活動研修会（8月27日）における授業研究発表

樋口忠彦（1997).『小学校からの外国語教育』研究社出版

樋口忠彦ほか（2002).「小学校英語活動と中・高英語教員の意識－小中の連携を中心に」『英語教育』*9*，43-47.

樋口忠彦ほか（2003).「小・中連携に関する調査研究－カリキュラム・指導案集・テキスト 等の分析を通して」『英語授業研究学会紀要』*12*，3-30.

松川禮子 (2002).「小学校への英語教育」『英語教育』*11*, 26-27.
文部科学省 (2001).『小学校英語活動実践の手引』開隆堂
文部科学省 (2003).「『英語が使える日本人』の育成のための行動計画の策定について」
Retrieved from http://www.mext.go.jp/b_menu/houdou/15/03/030318.html
山田雄一郎 (2003).『言語政策としての英語教育』溪水社

資料1 Teaching English at Primary Schools List of obligatory words and structures (3rd to 5th year)

(Let's bridge the gap May 2002 より抜粋)

Animals

3	cat, dog, mouse, rabbit, hamster, fish, bird
4	parrot, elephant, rat, cock, duck, donkey, horse, tiger, monkey, lion, crocodile, ostrich, giraffe, eagle, polar bear, penguin, hippo
5	spider, snake

The Body and the Face

3	head, shoulders, knee, toe/s, eyes, ear, mouth, nose, leg, foot/feet, hand, arm, finger, hair, tooth/teeth
4	freckles
5	

Health

3	
4	
5	headache, tummy ache, earache, toothache, cough, cold, sore throat, flu

Clothes

3	jeans, T-shirt, dress, trainers, jacket, shoes, socks, jumper, pullover, skirt, trousers, track suit, shorts
4	shirt, hat, scarf, anorak
5	

Family, Friends and Ourselves

3	mum (mummy), dad (daddy), sister, brother, father, mother, grandma, grandpa
4	man – woman, gentlemen – lady, boy – girl
5	

House and Furniture

3	house, bedroom, bathroom, living room, kitchen, dining room, bed, table, sofa, fridge, vase, telephone, bath, window, chair, cupboard, shelf, door
4	
5	hall, toilet, post box

Food

3	
4	apple, lollipop, sweet, orange, tomato, coffee, coke, banana, milk shake, hamburger, grape, spaghetti, bread, ham, cheese, orange juice, fruit salad, ham sandwich
5	cheese, fish, meat, pasta, rice, sugar, tea, vegetables

Local Places

3	
4	shop, book shop, toy shop, clothes shop, pet shop, supermarket, sweet shop, address, police station, circus
5	

School, Classroom Language and Tests

3	bag, book, pencil, pen, rubber（eraser）, ruler, blackboard
4	
5	chess, cards, computer games, dice, dominoes, board game, computer, key board, mouse, printer, robot, personal computer, virus

Professions

3	teacher
4	policeman, postman
5	

Transport

3	by bus, by train, by car, on foot

4	
5	boat, plane, bicycle (bike)

Colours

3	red, blue, yellow, green, white, black, brown, pink
4	
5	

Location and Position

3	left, right, under, on, in, behind, up, down
4	here
5	in front of, next to, at, between,

Weather

3	
4	
5	wind, fog, clouds, rain, snow, sun, storm,

World around us

3	wood, tree,
4	television (TV), cartoon, news, nature, music, postcards, picture cards
5	moon, sun, star, comet, planet, earth, bank, litter bin, zebra crossing, traffic lights, bus stop, telephone box,

Miscellaneous Objects

3	
4	coins, stamps, stickers, toy cars, clown, juggler, acrobat, magician, adults, children, ticket, trick
5	horror film, ghost, monster,

Sports and Activities

3	
4	football, tennis, basketball, skateboarding, cycling, roller-skating, windsurfing, skiing, sailing, climbing, swimming, running, high jumping,
5	

Numbers

3	1 – 30
4	1 – 100 in tens
5	1 – 1000 in hundreds ordinal numbers: first, second, third, fourth, fifth, ……th

Containers

3	
4	
5	bottle, cup, bin

Time Expressions

3	hours: 1 – 12 o'clock a.m./p.m. days of the week: Monday – Sunday
4	Time: a quarter past / to…..half past（at a quarter past / to, at half past） Months: January – December（in January….） Days: on Monday, on Tuesday…. Seasons: spring, summer, autumn, winter（in spring ...） Dates: 2 February,（on the 2nd of February） Years: 1996….（in 1996 ...）
5	morning, afternoon, evening, night（in the morning ..., at night）

Greetings / Exclamations

3	hi, hello, my name is….I'm….goodbye, bye-bye, Mr, Ms
4	great, fantastic, wow, very good, very clever,
5	well done, not bad, try again, wrong answer, excellent, awful,

Adjectives

3	small, big, tall, thin, fat, old
4	short, hot, cold, fast, hungry, good, bad
5	dark, light, high, low, clean, dirty, dead, alive, horrible, nice, happy, sad, windy, foggy, cloudy, sunny, stormy, shy,

Determiners

3	a, an, the
4	
5	

Pronouns

3	I, you, he/she/it, we, you, they
4	
5	my, your, his, her, our, your, their

Conjunctions

3	and
4	or
5	

Verbs

3	to be
4	cross, have, watch, stretch, wish, smile, catch, stand (up), walk (to), touch, look (at), colour, sit (down), stop, open, close, cut (out), write, draw, fold, pick up, show, make, take, put, listen (to), miss, throw, move, go (to), jump, knock (at), run, come (in), start, turn (right/left), push, blow, get (on, off) give, hold, hop,
5	switch on / off, start, search, save, copy, enter, print, cycle, skate, swim, skip, fly, climb, dive, whistle,

資料２　Structure of Language（3rd to 5th year）

（Let's bridge the gap May 2002 より抜粋）

1	Alphabet	A-Z
2	Questions 'W' – questions Inversion questions	What's your name? What's time is it? What are you doing? When is it? Where is ....? Who is it? How old are you? How much is it? Can you ...? Do you like...? Are you ...?
3	Answers 'W'-questions beantworten können Short answers	Yes, I can.　　No, I can't. Yes I do.　　No, I don't. Yes I am.　　No, I'm not.
4	Personal Pronouns	I, you, he, she, it, we, they
5	Verbs 3rdPerson 's' 'to be' Present continuous	Examples: he sees, she walks, it sounds,.... Exceptions: do – does, go – goes, can – can, have – has I am（I'm） You are（You're） He, she, it is（he's, she's it's） We are（We're） They are（They're） Examples: I'm going. He's working. They're playing football....
6	Nouns Plural 's'	Examples: cat – cats, table – tables, tree – trees, ... Exceptions: foot – feet, tooth – teeth, man – men, woman – women

第3章　リヒテンシュタイン侯国における小・中英語教育の実践報告

1　はじめに[11)]

リヒテンシュタイン侯国[12)]（Principality of Liechtenstein，以下リヒテンシュタイン）では1996年より小学校3年生から5年生を対象にした英語教育が必修化され，2008年からは2年生，2010年からは全学年において英語授業が導入される．小学校の英語学習では語彙習得を目指し，学級担任は教科書を中心とした指導，外国語アシスタント（Language Assistant）は全身反応法（Total Physical Response: TPR）を用いて指導している．中等教育機関の1つであるギムナジウム（Liechtensteinishes Gymnasium）では，各学年で週3時間の英語授業を実施している．小学校で英語授業を受けているため，入学時には語彙などの基本的な英語の知識はある程度備わっている．ギムナジウムにおける教育の特徴として，想像力を働かせながらライティングやスピーキングの練習を充分させるなどの「発信型教育」が組み入れられていることがあげられる．一方，ドイツ語母語話者にとって，英語はアルファベット文字使用という点で母語と共通してはいるものの，英語学習の過程におけるドイツ語文法の干渉が問題点として指摘されている．

11）謝辞　I would like to thank Mr. Takeshi Ueda, a former president of Japanisch-Liechtensteinische Gesellschaft and Sascha Valenta for helping me realize my visit to Liechtenstein. I also want to thank Daniela Chesi, Marguerite Kohlmayer, Urs Kindle, May Macpherson-Ospelt, and Karl Vogt, for kindly showing me their classes.

12）前章で述べたように，リヒテンシュタインの正式国名（ドイツ語）は Fürstentum Liechtenstein「侯爵（Fürst）の治める国」という意であることから，日本語では「リヒテンシュタイン侯国」を国名表記として使用する．詳しくは植田（1999）を参照．

本章では，先行研究（岡田, 2003, 2004）で取り上げられたリヒテンシュタインの義務教育制度や小学校における英語教育の必修化の経緯を詳しく概観するとともに，著者による現地の小学校と中等教育機関の１つであるギムナジウムでの英語授業参観の報告を行う．さらに，ドイツ語を母語とする者が英語学習で直面する文法上の問題を取り上げることで，日本語を母語とする者との相違について比較検討する．最後に，リヒテンシュタインと日本の小学校英語教育を比較し，今後の日本における外国語学習への提言を試みる．

2　外国語教育導入の経緯

欧州連合（European Union：EU）による多言語政策の導入以来，ヨーロッパ諸国では母語以外にEUの２ヶ国語習得が提唱され，小学校においても外国語教育がカリキュラムの一部になりつつある．リヒテンシュタインでも経済的・社会的な変化を背景に，外国語教育に取り組んできた．過去にスイスと親密な関係から保持されていたことから，リヒテンシュタインにおける第一外国語はフランス語であったが，1994年にリヒテンシュタインの学校教育法（Schools Act）の一部改正により小学校での英語教育が検討されるようになった．さらに，1995年に欧州経済領域（European Economic Area：EEA）へ加盟したことを受け，1996年から小学校３年生から５年生まで英語教育が導入された．

小学校での英語授業が開始されると，小・中学校の連携によって英語教育を推進させることの重要性が指摘され，2000年にはBridging the Gap Commissionと呼ばれる小・中学校教員による調査委員会が設置された．この調査委員会では，英語教育に関連した６項目（指導案・時間割・教材・教室での教科指導の監督・教員研修制度・外国語アシスタント）について実態調査を行い，円滑な教室運営を実行するための様々な具体策を提言している．

英語教育の時間数は，2002年から３年生には英語授業および統合的な学習

(integrated lesson) の中で実施される英語授業がそれぞれ週1時間，4年生と5年生には英語授業が週2時間実施された．2008年には3年生から英語授業が週2時間実施され，一部の小学校では2年生から英語教育を開始している．さらに，2010年から小学校1年生における英語授業の必修化を目指している．

3　義務教育制度

義務教育は6歳から15歳までの9年間で，初等教育が5年間，中等教育が4年間である．2008年度現在，国内の学校数は小学校14校 (2,042名)，中等学校9校 (1,550名) で，中等学校の内訳は高等中学校 (Obershule) 3校，実業学校 (Realschule) 5校，ギムナジウム1校である．クラスサイズについては，最大24名と最小12名 (高等中学校を除く) と規定されており，1クラスの平均人数は小学校で16.21名，中等学校16.49名である．週当たりの授業時間数は，小学校で23時間から30時間，高等中学校・実業学校で25時間から32時間，ギムナジウムで34時間から36時間である．小学校・ギムナジウムともに授業1時間は45分である．

小学校5年生の時点で中等教育機関の選択を迫られることになるが，職業訓練の準備を目的とする場合は高等中学校あるいは実業学校，大学進学の準備を目的とする場合はギムナジウムへ進学する．初等学校から各中等教育機関への進学率は，高等中学校28%，実業学校50%，ギムナジウム22%という割合である．

4年間の高等中学校・実業学校を終了した生徒は1年間の職業学校を経て就職する．ギムナジウムの場合，義務教育の一部である中等部 (Unterstufe) で3年間教育を受けた後，高等部 (Oberstufe) へ進む．大学進学については，隣国のスイスあるいはオーストリアの大学に進学するのが一般的である[13]．

4　英語の授業参観記録

2006年9月，新学期開始4週間後にシェレンベルク小学校（Primarshule Schellenberg）とリヒテンシュタイン・ギムナジウム（Liechtensteinisches Gymnasium）における英語授業を参観した．ここでは，見学した小学校・ギムナジウムの様子，英語授業の担当教員，授業内容を報告する．

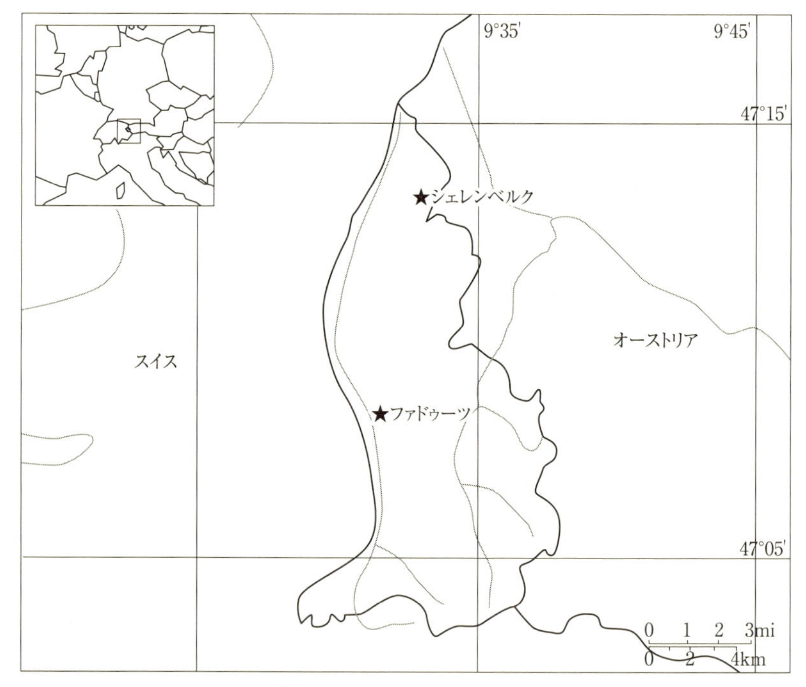

地図3-1　リヒテンシュタイン

13）教職を目指す場合，リヒテンシュタイン国内の大学では教員資格が取得できないため，近隣国の大学へ進学する必要がある．2015年現在，国内には3校の高等教育機関が設置されており，University of Liechtenstein では建築およびビジネスを中心としたコースがある．Private University in the Principality of Liechtenstein では医学と法律，International Academy of Philosophy では哲学においてそれぞれ博士課程を設けている．

4.1　シェレンベルク小学校（Primarshule Schellenberg）

シェレンベルクはリヒテンシュタインの中で一番狭い地域であり，人口は約1,000名でその周囲を355ヘクタールの山で囲まれている（地図3-1）．シェレンベルク小学校は在籍児童76名と教員12名がいる（2006年9月現在）．各学年1クラスのみである．

写真3-1　小学3年生の英語テキスト

英語授業ではマクミラン社の『Big Red Bus』（第1巻から3巻）を国内の全小学校で採用している（写真3-1）．3年生は第1巻，4年生は第2巻，5年生は第3巻をそれぞれ使用する．実際の授業では，1クラスを2グループに分け，各グループは学級担任あるいは外国語アシスタントによって指導されるというように，少人数の授業形態をとっている．学級担任が指導するグループは教室に残り，外国語アシスタントが指導するグループは別の教室で授業を受ける．また，児童は毎回同じ教師の授業を受けるのではなく，学級担任と外国語アシスタントの両方から交互に授業を受けられるよう工夫されている．学級担任と外国語アシスタントの指導方法は異なっているが，指導内容は関連付けられている．学級担任は教科書を中心とした授業を行うのに対して，外国語アシスタントは教科書を使用せず，TPRのように体を使った活動を取り入れている．

シェレンベルク小学校（写真3-2，3-3）では，学級担任による3年生と5年生の英語授業，外国語アシスタントによる3～5年生の英語授業を見学した．

写真 3-2　シェレンベルク小学校

写真 3-3　白で統一された校舎内部

本来なら，各担任教師がどのように授業を実践するのか 1 時間すべて見学させてもらうことが望ましいが，時間的な制約があったため，3 年生と 5 年生の各授業の前半部分（20 分程度）は学級担任による授業，そして後半部分（20 分程度）は外国語アシスタントによる授業を見学した．4 年生の担任教師は不在だったため，外国語アシスタントが指導したグループの授業を1時間すべて参観した.

3年生の学級担任はDaniela Chesi（以下ケーシー）先生である．ケーシー先生はスイスの大学で教員免許を取得し，その後10年間リヒテンシュタインの小学校で教えている．5年生の学級担任はKarl Vogt（以下ボークト）先生も同様，海外の大学で教員資格を取得した．外国語アシスタントのMarguerite Kohlmayer（以下コールメイヤー）先生はイギリス人で2001年からリヒテンシュタインの小学校で指導している．コールメイヤー先生はロンドンにあるインターナショナル・ハウス・ロンドン（International House London）[14]で教員資格（Teaching Diploma）を取得後，オーストリアで英語を指導した経験を持つ.

4.1.1　3年生の英語授業(1)

見学クラス：ケーシー先生，児童10名

授業のねらい：色，数字

教科書：Big Red Bus 1（Introduction to English）

授業形態：教師主導の全体活動中心

使用言語：教師の言語はほとんど英語だが，時々ドイツ語で説明，児童も英語を用いて活動.

授業の様子：

①教師と児童は円になって椅子に座り，歌（One little, two little, three little elephants...）を歌う.

②教師と一緒に数字を1から100まで数えた後，児童は順番に適当な数字を英語で言う.

③教科書を開いて数字と色の学習事項のチェック．色の単語（例：pink）

14）語学教育や教員免許取得を目的としたプログラムを開講している学校.

を教師の発音に続いて復唱する.

④教師が色の単語を言ったら，その色を身に付けている児童が立ち上がる.

4.1.2　3年生の英語授業(2)

見学クラス：コールメイヤー先生，児童10名

授業のねらい：色

授業の形態：教師主導の全体活動中心

使用言語：教師は英語使用．児童の応答は英語.

授業の様子：

①児童は床に円になって座りながら教師が色の単語を確認した後，輪投げを用いたゲームで色の単語を練習する.

②児童は5人ずつ2グループに分かれた後，グループごとに1人ずつ順番に輪を投げていく．輪を投げるときに自分が持っている輪の色を言ってから投げなければならない．順番待ちの児童は，輪が棒に入ったときはGood，入らなかったときはMissedまたはAlmostと声を掛けるよう教師から指示される．棒に入った輪の数が黒板に記録される.

4.1.3　4年生の英語授業

見学クラス：コールメイヤー先生，児童6名

授業のねらい：月，季節，数字

授業形態：教師主導の全体活動

使用言語：教師は英語使用．児童もほとんど英語使用だが，児童同士で内容確認をする場合などはドイツ語.

授業の様子：

①児童は床に円になって座り，英語で月（例：January, February）を1つずつ言いながら，自分の隣にいる児童にボールを渡す．同様に，週（例：

Sunday, Monday)，季節（例：Spring, Summer)，数字（例：ten, twenty）でも1つずつ言いながら隣の児童にボールを渡す．

②教師が When is your birthday?　と質問する．児童は1人ずつ前に出てきて，自分の誕生月をマグネット付のアルファベットを使って黒板に並べる．並べられた単語を他の児童は声に出して読む（例：4月生まれの児童は APRIL と並べた後，A-P-R-I-L と綴りを言う）．

③児童は大縄跳びをしながら ABC の歌を歌う（しかし，歌いながら飛び続けることは難しいようで，なかなか順番が回ってこない）．

④児童は2グループに分かれた後，各グループ同時に単語カードの中から1枚取り，そのカードと約2メートル先方に並べられてある絵カードを一致させる．児童はその一致させたカードを教師に渡す．

⑤教師が Simon says "Touch your shoulder"と言ったら，児童は自分の肩に触れる．もし教師の指示と異なる動きをした場合，児童はゲームをその時点で終了しなければならない．

4.1.4　5年生の英語授業(1)

見学クラス：ボークト先生，児童8名

授業のねらい：これまでの復習

授業形態：教師主導であるが，グループ活動中心

使用言語：教師は英語使用．個別に説明する場合は英語とドイツ語．

授業の様子：

①児童は円になって椅子に座り，著者に簡単な自己紹介をする．（例：I am... I live... I'm... years old)．一巡してから次に家族について簡単に話す．（例：I have a cat. Her name is...)

②歌詞カードを見ながら英語の歌を歌い，次は歌いながら踊る．

③児童は2名または3名の3グループごとに異なるゲームをする．初めに教師がドイツ語で各ゲームについて説明した後，グループごとに集

まる．

④グループ１はアルファベットのカードを英語の発音のカードと一致させる．（例：アルファベットＦは /af/ と書いてあるカードと一緒に並べる．）

⑤グループ２はカードを使って人物を描写する．各カードの右側に絵，左側は使用する表現（例：My name is... I have... hair. I have... eyes. I am wearing...）があり，児童は主語を変えて言い直す．（例：カードの絵が男性の場合 His name is... He has... hair. He has... eyes. He is wearing...）

⑥グループ３はダンボールで作られた時計を使って時間の言い方を練習する．約５分間，各グループに与えられた教材を使って練習した後，使用した教材はその場所に残したまま，児童が別のゲームの場所に移動する．

⑦それぞれのグループが３種類のゲーム全てを体験できるよう時間が配分されている．児童がグループで練習している間，教師は巡回しながら児童の質問にドイツ語で答える．

4.1.5　５年生の英語授業(2)

見学クラス：コールメイヤー先生，児童８名

授業のねらい：動詞

授業形態：教師主導の全体活動中心．

使用言語：教師はすべて英語使用．児童も英語使用．

授業の様子：

①児童と教師は手をつないで円を作り，円の中には児童が数名立つ．手をつないでいる児童は歌いながら回る（例：A brother wants a dog, a brother wants a dog...）．歌い終わったら，中にいる児童が手をつないでいる児童の中から１人選び，円の中に加える．手をつないでいる児童がいなくなり，全員が真ん中に立つと終わりである．

②教師が Simon says “swim to the window” と言うと，児童は立ったまま

でその動作をする．もし指示と異なる動作をした場合，児童はその時点でゲームを終了し，自分の席に戻らなければならない．

以上，シェレンベルク小学校での学級担任2名および外国語アシスタントによる授業を紹介したが，学級担任と外国語アシスタントでは指導方法はそれぞれ異なっていたが，指導内容が一致している部分も見られた．たとえば，3年生の授業でケーシー先生は教科書を使用していたが，コールメイヤー先生の授業では教科書を使用せずにゲームを取り入れた全体活動が中心となっていた．また，コールメイヤー先生はドイツ語を話すが，児童がドイツ語に頼るのを防ぐため，授業では英語のみ使用するということであった．小学校の英語授業はスピーキングとリスニングが中心であるという理由から，3年生のケーシー先生の授業で単語を書く練習が少しあったが，ライティング指導は含まれていなかった．

4.2　リヒテンシュタイン・ギムナジウム（Liechtensteinisches Gymnasium）

写真3-4　バス通学の生徒たち

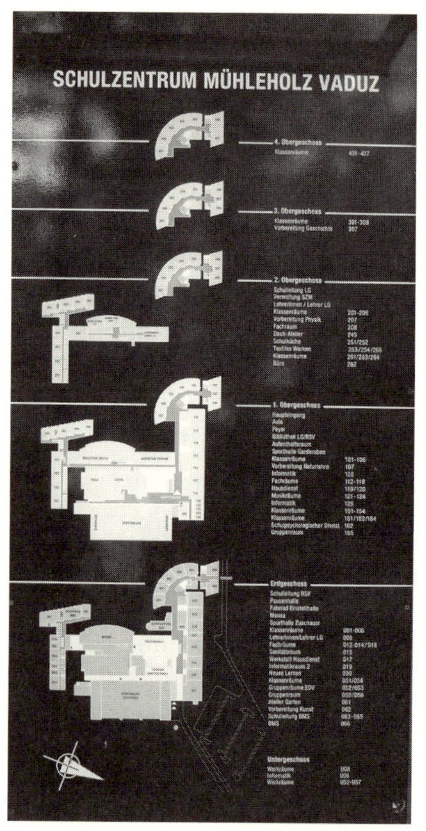

写真 3-5　ギムナジウムの案内図

首都ファドゥーツ（Vaduz）に位置しているリヒテンシュタイン・ギムナジウムは 1937 年に私立学校として設立された後，1981 年より公立学校として運営される（写真 3-4，3-5）．ギムナジウムでの最初の 3 年間（1 年生から 3 年生）は中等部（Unterstufe），残りの 4 年間（4 年生から 7 年生）は高等部（Oberstufe）と分類され，それぞれ異なるカリキュラムが組まれている．

ギムナジウムでは，母語であるドイツ語以外に英語，フランス語，ラテン語の授業を実施している．週当たりの授業時間数は表 3-1 のとおりである．1 年生から英語，2 年生からフランス語，3 年生ではラテン語を学習する．つまり，外国語学習を言語ごとに段階的に取り入れている．学習カリキュラム

表 3-1　ドイツ語と外国語の週当たりの授業時間数

	1 年生	2 年生	3 年生
ドイツ語	5	4	4
英語	3	3	3
フランス語	0	3	4
ラテン語	0	0	4

によると，英語教科には言語4技能の指導以外にSprachreflexion（言語反射）とKulturreflexion（文化反射）の指導が含まれている．Sprachreflexionでは，主に英語の言語構造の理解とドイツ語と区別を目的とする．Kulturreflexionでは，英語圏の文化（たとえば，学校生活，家族，職業など）の習得を目指す．教科書はドイツのCornelsen出版社から出ているEnglish G 2000シリーズ（写真3-6）を採用している．リヒテンシュタイン・ギムナジウムでは，Mr. Urs Kindle（以下キンデル）先生とMrs. May Macpherson-Ospelt（以下マックファーソン）先生の授業を各1時間見学した．

1年生の英語授業を担当していたキンデル先生は，スイスの大学で教員資格を取得してからリヒテンシュタイン・ギムナジウムで教えている．大学在学中は，英語以外にラテン語を履修し，英語の海外研修ではアイルランドに留学をした経験を持つ．2年生の英語授業を担当していたマックファーソン先生はスコットランド出身で，リヒテンシュタインで11年間教えている．

写真3-6　ギムナジウム2年生の英語テキスト

4.2.1　1年生の英語授業

見学クラス：キンデル先生，児童20名

授業のねらい：Be動詞

教科書：English 2000 D1（Unit 1）

授業形態：教師主導の一斉授業

使用言語：教師は英語使用．児童の応答は英語．

授業の様子：

①前時の宿題の答えを口頭で確認する．内容は to be を使った否定形と疑問文の作成である．教師が児童に be 動詞を使った質問（例： Are your parents from Vaduz?）を使い，児童が応答する（例： No, they aren't.）.

②教師は児童が身に付けている服装を英語で言わせ（例： T-shirt），be 動詞を使った疑問文に直してから質問する（例： Are your socks red?）．前時の宿題（人称代名詞と be 動詞を含んだドイツ語の文章を英語に書き換える問題）の解答を口頭で確認する．その後，教師が言った名詞を児童が否定形を使って書き換える口頭練習を行う（T： My socks. S： My socks aren't）.

③教科書の対話文（イギリス英語）を聞きながら確認し，教師と児童でその対話を練習する．

④教科書の英語の歌 "Hi there, hi there" を 1 回聴き，2 回目は CD に合わせて歌う．

⑤次に教科書にある練習問題（人称代名詞とその否定形）の CD を聞き取り，答えを口頭で確認する．

⑥全員でアルファベットの歌を歌った後，指名された児童は自分の名前のスペルを言い，教師はホワイトボードに書く．

⑦英語の歌 "Breakfast at Tiffany's" を聞いてリスニング練習．プリントで配られた歌詞の穴埋めをしながら CD に合わせて歌う．

小学校の英語授業で教科書のユニット 1 からユニット 3 の内容は既習していることから，1 年生ではその部分に時間を取られないよう授業を進めている．

4.2.2　2 年生の英語授業

見学クラス：マックファーソン先生，児童 19 名授業のねらい：位置関係を示す表現（例： It's in the south of Germany, It's north-east of Bonn, It's near Hanover）を使って自分の町や村について説明

教科書： English 2000 D2（Unit 1）

授業形態：教師主導だが，ペアやグループワークなどの学習者同士の活動もある

使用言語：教師の英語使用．児童も応答や練習のときは英語使用だが，児童同士ではしばしばドイツ語を使用．

授業の様子：

①教師がホワイトボードに東西南北を示した後，南西などの表現を付け加えていく．

②ペアで自分の住んでいる町の場所を教科書に出ている表現を使いながら説明（例： Triesen is in the north of Vaduz.）．次に教科書に掲載されているドイツの地図を見ながら位置関係を説明する．

③これから CD で聞くストーリーを教科書にある２つの島の絵を見て想像させ，１人ずつ答える．ペアでそれぞれの島について場所を示す表現（There's a.../　There are.../　The... is/are in the north）を使って説明する．次にストーリーを１回聞いて，２つの島のうち，どちらについて話していたかをクラス全体で確認する．

④ライティング活動では，ある島で過ごしたことを想像して，その様子をスクラップ・ブックに色鉛筆で描く．英語の過去形を使用して説明する．このライティングと絵の課題は後日提出する．スクラップ・ブックを使った活動は前年度から実施されており，生徒の好きなことやファンタジー，想像したことなどを描かせる．

リヒテンシュタイン・ギムナジウムの１年生と２年生の授業を紹介したが，キンデル先生とマックファーソン先生によると，英語を指導する際にスピーキングとリスニングだけでなくライティングとリーディングにも力を入れるというコメントがあった．また，授業で使用される試験問題は各教員によっ

て準備されており，語彙，英語からドイツ語への書き換え，書き取り，文法，ライティングなどが含まれる（資料参照）．

5　ドイツ語母語話者による英語学習の問題点

授業見学の後，リヒテンシュタイン・ギムナジウムのキンデル先生に聞き取り調査を実施した．そこでは，ドイツ語話者による英語学習の際によく見られる誤りが次のように指摘された．主な項目を以下にまとめる．

5.1　過去時制

ドイツ語を母語とする学習者が過去の事柄を英語で表現する場合，動詞を過去形に変化しないで過去を示す副詞や副詞句を使って表現する傾向がある．たとえば，He goes to school を過去の事柄に変化させる場合に Yesterday he goes to school というように動詞 go を過去形に変化させることなく使用することがある．ドイツ語では過去から継続している動作や未来について述べる場合，現在形に副詞や副詞句を用いて表現することがあるため，それに関連していると考えられる．

5.2　否定語の位置

英語で否定の表現を作るときに，ドイツ語における否定文の語順を英語に当てはめてしまい，We don't go to school とせずに，We go not to school のような否定文を作ることがある．動詞を否定する場合には，英語は否定語 not を動詞の前に置くが，ドイツ語では文否定の場合は否定語 nicht を文末に置き，部分否定の場合は nicht を否定する語の直前に置く．英語とドイツ語では否定語の位置が異なるので，ドイツ語母語話者にとって習得が困難な項目の１つとしてあげられる．

5.3　Yes/No 疑問文

Yes/No で答える疑問文（ドイツ語では決定疑問文というが）を作る場合，ドイツ語の語順と同じように英語でも動詞を定形のまま文頭に出し，Comes he today?というような表現を作ることがある．英語では do/does などの助動詞を文頭に置き，主語，動詞の語順（例：Does he come today?）になるが，ドイツ語では動詞の定形をそのまま文頭に置き，主語が続く（例：Kommt er heute?）．Yes/No で答える疑問文では動詞の位置が英語とドイツ語では異なることから，ドイツ語母語話者によるこのような間違いが指摘される．

5.4　形容詞と副詞の区別

英語で文全体を修飾するときに，副詞（例：beautifully）を使うかわりに形容詞（beautiful）を用いて，She sings beautiful のような文を作ることがある．英語では名詞を修飾する形容詞（例：beautiful）と文を修飾する副詞（例：beautifully）のように区別されているが（もちろんそうでない場合もあるが），ドイツ語では形容詞が名詞だけでなく文を修飾する場合に使われることがあるため，ドイツ語母語学習者が英語で文修飾をする場合，副詞の代わりに形容詞を間違って用いることがある．上記以外にも，前置詞の使い方や不規則動詞の作り方など，ドイツ語母語学習者による英語学習の問題点として指摘されるが，ほとんどの場合は母語であるドイツ語からの影響だと考えられる．

6　考察

シェレンベルク小学校の英語授業では学級担任と外国語アシスタントがそれぞれ異なる教室で英語を指導していたが，これは日本の教育現場で見られるチーム・ティーチングとは異なる形態である．リヒテンシュタインの場合，クラスを2グループに分けて同時に授業を行っていたが，日本の英語教育の現場でよく見られるのは学級担任と ALT（Assistant Language Teacher）などの英語を母語とする者が一緒に1クラスを教える授業形態である．日本の小学校のように1クラス 40 名を2人体制で指導する場合と，リヒテンシュタインのように児童をグループ2つに分けて各グループを教員1人が担当する場合では，どちらの授業形態が早期における外国語学習においてより有用であるか，今後検討が必要である．

リヒテンシュタイン国内では全小学校で同じ教科書『Big Red Bus』が使用されている．日本でも近年，小学校における共通教材として『英語ノート』が作成され，指導内容を統一する動きが見られる．リヒテンシュタインの教科書と『英語ノート』を比較した場合，どちらもカラーの挿絵が多く児童たちに親しみやすいよう工夫されている．しかし，リヒテンシュタインの教科書が語彙などの言語習得を目的としているのに対し，『英語ノート』では「外国語を通じて，言語や文化について体験的に理解を深め，積極的にコミュニケーションを図ろうとする態度の育成を図り，外国語の音声や基本的な表現に慣れ親しませながら，コミュニケーション能力の素地を養う」ことを目標としている．『英語ノート』の内容を検討すると，外国語としての英語を学ぶというより，むしろ英語圏の国だけでなく外国全般の文化について学習することが要求されている．日本とリヒテンシュタインでは，小学校から英語教育を必修化するという点は一致しているものの，到達目標や指導内容の点から見ると大きな相違があることは明らかである．言語と文化の観点から見た場合，リヒテンシュタインは小学校の英語教育では言語に焦点を当て，一方，日本の小学校では外国語学習以前に外国文化を理解させるというアプローチを採用している．

ドイツ語母語話者が英語を学習する場合，音声面での大きな問題は指摘されなかったが，語順などの文法面における誤りが見られた．日本語を母語とする者が英語を学習する際，冠詞の使い方や発音などの難しさが取り上げられるが，今回の授業見学によって，日本語母語話者とドイツ語母語話者が英語を学習するときにそれぞれ異なる問題に直面することが明らかになったことは非常に興味深い.

7　おわりに

本章ではリヒテンシュタインの小学校とギムナジウムにおける英語授業の実践報告を行ったうえで，日本の小学校英語教育と比較検討をしたが，リヒテンシュタインでの実践内容すべてを日本の英語教育に応用できるとは限らない．リヒテンシュタインは小国であるために，教育への財政的な援助も十分になされ，国民1人ひとりに十分な教育が与えられていることは明らかである．日本でも1年生からの英語授業が検討されている自治体があり[15)]，今後，小学校における英語教育の効果がどのように示されるかは注目に値するところである.

英語文献

European Commission/Eurydice (2009a). *The information database on education systems in Europe.* Retrieved from http://eacea.ec.europa.eu/education/eurydice/documents/eurybase/eurybase_full_reports/LI_EN.pdf.

European Commission/Eurydice (2009b). *National summary sheets on education systems in Europe and ongoing reforms.* Retrieved from http://eacea.ec.europa.eu/education/eurydice/documents/eurybase/national_summary_sheets/047_LI_EN.pdf.

European Commission/Eurydice (2009c). *Structures of education and training systems in Europe.* Retrieved from http://eacea.ec.europa.eu/education/eurydice/documents/eurybase/structures/041_LI_EN.pdf.

---

15) 2015年現在では，現行学習指導要領によると「外国語活動」の授業時数は5・6年生でそれぞれ35時間となっている一方で，1年生から英語授業を実施している地域もある．たとえば，東京都品川区では教育改革「プラン21」の一環として，2006年度より1年生から「英語科」をカリキュラムに編成し，1・2年生は年間20時間，3〜6年生は年間35時間指導している．詳しくは品川区教育委員会（2005）を参照.

LehrplanEinleitung (n. d.). *Vaduz: Liechtensteinisches Gymnasium*. Retrieved from < http://www.lg-vaduz.li/LinkClick.aspx?fileticket=VVwK5vpu0wg% 3d&tabid=97&mid=437 >

Lehrplan Unterstufe (n.d.). *Vaduz: Liechtensteinisches Gymnasium*. Retrieved from http://www.lg-vaduz.li/LinkClick.aspx?fileticket=EeKBv% 2b1wwfA% 3d&tabid=97&mid=437

Schule heute (1/2010). *Vaduz: Schulamt des Furstentums Liechtenstein*. Retrieved from http://www.llv.li/il-pdf-llv-sa-schule_heute_10-01.pdf.

日本語文献

植田健嗣 (1999).『ミニ国家リヒテンシュタイン侯国』郁文堂

岡田靖子 (2003).「ヨーロッパ3か国の教育事情が日本の児童教育に示唆すること：アイスランド，ノルウェー，リヒテンシュタインの場合」『日本児童英語教育学会研究紀要』*22*, 125-135.

岡田靖子 (2004).「リヒテンシュタインにおける小学校英語教育からの一考察」『日本児童英語教育学会研究紀要』*23*, 93-107.

品川区 (2014).「小学校教員対象 区独自英語新カリキュラム英語科研修会を初開催」http://www.city.shinagawa.tokyo.jp/hp/page000023000/hpg000022932.htm

品川区教育委員会 (2005).『品川区小中一貫教育要領』講談社

文部科学省 (2008).『小学校学習指導要領』Retrieved from http://www.mext.go.jp/a_menu/shotou/new-cs/youryou/syo/gai.htm

資料　キンデル先生作成の試験問題の一例

Englisch Schulaufgabe　　November 24, 2005

Uni 2　　Name: ____________

☺ Good luck! (=Viel Glück!)

A. Dictation

____
____
____
____
____
____
____
____
____
____
____
____

B. Fill in the correct English terms, please.

Mike is very good at sports, he is a ____________	Meister (nicht:“master”)
My parents are ____________ great.	wirklich
Is Balzers near Triesen?-Yes, ____________	das stimmt
How much (wieviel) is ____________	drei mal Null (3x 0) > *Zahlen aussschreiben.*
My mother ____________	hat Rccht
My friend is ____________	in der Schule (*d.h. beim Unterricht*)
Peter ____________	hat Glück!

C. Translate, please.

a dice and counters ______________________

Match the words. ______________________

Imagine. ______________________

Draw a board on cardboard. ______________________

D. Use the *genitive. (Verwende NICHT her, your...!)*

Patrick has got a nice girlfriend. [*Patricks Freundin...:*] ______________ is nice.

The Marxe is have got a nice house. ______________________ is nice.
[*Das Haus der Marxers...*]

The teacher has got a German name. ______________________ is Geman.
[*Der Name des Lehrers....*]

The car has got a nice clolur. ______________________ is nice.
[*Die Farbe des Autos...*]

My sister has got two black dogs. ______________________ are black.
[*Die Hunde melner Schwester...*]

The twins have got a funny cat. ______________________ is funny.
[*Die Katze der Zwillinge...*]

E. Write down the numbers, please.

40 ______________

1000 ______________

F. Fill in the correct possessive determiners (mein, dein, sein, etc.)

Hello. I'm Debbie, And what's _______ name?

We're Sita and Jenny. This is _______ (unsere) form.

This is our house. _______ name is "Villa-Bella."

Here's Peter with _______ (scincr) sister.

Helen's Peter with _______ (sciner) sister.

Helen is Debbie's aunt. Paul is _______ (ihre) aunt.

This is Sita. _______ brother is in my form.

I'm Ben and this is _______ grandma.

This is Jenny and Sally and _______ (ihre) mum.

第4章　大学授業における プロセス・ライティングへの取り組み
—アンケート調査と内省文の分析を踏まえて—

1　はじめに

近年，日本の英語教育ではコミュニケーション能力の育成の重要性が指摘されるようになりつつある．学習者の間でも，リーディングやライティングよりスピーキングやリスニング学習に対する関心が一層強まる傾向が見受けられる．高校1年生（360名）を対象にしたアンケート調査では，71%が「話す力」と「聞く力」を身に付けたいと回答しているのに対し，「読む力」と「書く力」は29%という結果が出ている（後藤，2005）．高橋（2004）の調査でも，大学の新1年生（480名）のうちの45%がオーラルコミュニケーションのような授業内容を期待しているが，一方でリーディングやライティングなどの授業を好むと回答したのは9%に過ぎないということである．これらを見ると，学習者のリーディングやライティングに対する関心が低下していることは明らかである．

しかし，海外とのコミュニケーション手段としてインターネットや電子メールなどが普及してきた現状を鑑みると，リーディングやライティングを含んだ総合的なコミュニケーション能力を育成していくことは今後の重要な課題である．たとえば，ライティング能力を向上させる方法の1つとしてプロセス・ライティング（process writing）を取り入れた作文指導があげられる．プロセス・ライティングは完成された作品（product）だけではなく，その作品の完成に至るまでの様々なプロセス（process）を重視するライティングの指導方法である．そのプロセスの一部として，教師や他の学習者からのフィードバックを導入することによってライティングがコミュニカティブな活動となる可能性も示されている．この章では，大学の英語授業でプロセスを重視したライティング指導を実践することによって，学習者のライティング学習への影響を考察する．

2　先行研究

2.1　プロセス・ライティング

プロセス・ライティングとは，書き手が最終的なドラフトを完成させるまでの過程を重視した指導方法である．ドラフトを完成させる過程の１つとして，まず，実際に書き始める前にアイディアの構想を練る（brainstorming）．次に，そのアイディアから自分の作品の主旨となるポイントを書き出し，構成を考える（structuring）．この構成を参考にしながら，下書きを作成する（drafting）．下書きを書き終えたら教師や他の学習者に読んでもらい，内容や使用された言語についてのコメントをもらう（getting feedback）．さらに，他の学習者からのコメントを参考にし，下書きを修正した後，最終的な作品（product）を完成させる．このように，ライティングにはいくつかのプロセスがあり，学習者は各プロセスを繰り返しながら作品を仕上げていく．ライティングとは再帰的（recursive）な活動であり（Flower & Hayes, 1981; Hillocks, 1987; Murray, 1987; Taniguchi, 1990），それぞれのプロセスを反復することによって，それまで「自己中心に書かれていた作品」から「読み手の存在を意識した作品」に書直していく作業である（Furneaux, 1998）．

プロセス・ライティングを取り入れたライティング指導や研究は，これまで母語教育が中心であったが，最近では外国語教育におけるライティング指導にも応用されるようになりつつある．たとえば，Taniguchi（1990）によると，外国語学習におけるプロセス・ライティングは学習者の誤りに対する警戒心を取り除くのに効果的であり，また学習者のライティング能力育成の一助となるという．また，Cowie（1995）は，書直しが学習者のライティング能力を向上させる重要な策略（strategy）になると強調する．このように，外国語教育においてライティングの各プロセスを重視した指導を実践することは，学習者のライティング能力を育成するために必要だと考えられる．

2.2　教師のフィードバック

教師のフィードバックは，学習者のライティングが完成作品として提出され，評価するときに与えられる場合が一般的である．しかし，Sommers（1982）は，学習者によって書かれた作品が読み手にきちんと理解されているかを確認するために，作品を仕上げている途中で教師がフィードバックするのが望ましいと指摘する．教師によるフィードバックの研究では，フィードバックを与える時期や種類だけでなく，フィードバックの効果的な与え方に関する検証も行われている．Ferris（1997）の研究では，第二言語としての英語（English as a second language: ESL）学習者が作成したエッセイに対する教師からのフィードバックを調査した．その結果，肯定的なフィードバックによって全く修正が行われなかったのに対して，情報の要求や文法項目についてのフィードバックは学習者が書直す際に影響を与えるという結果が得られた．

Fatham & Whalley（1990）はフィードバックの焦点を比較し，外国語学習者のライティングに与える影響について考察した．学習者をフィードバックなし，文法・構造などの言語形態だけのフィードバック，内容形態だけのフィードバック，言語形態と内容形態両方のフィードバックの4グループに分類し，フィードバックの焦点の違いによる学習者の修正方法を調べた．その結果，言語形態のみのフィードバックのグループが文法の正確さが最も増加し，また，修正することによってすべてのグループの内容形態が向上したことが明らかになった．つまり，学習者のライティング能力を育成するためには，書き直しが重要であると指摘する．

初級レベルの外国語学習者を対象としたGascoigne（2004）の研究では，教師による4～5語を用いた明確なフィードバック，たとえば，"Can you explain this a bit?"というようなフィードバックを使用した場合，学習者の修正が効果的に行われる可能性が高くなるということを示している．この結果は，教師からのフィードバックが具体的でなければならないとするFerris（1997）の提案とも一致しており，また，フィードバックの焦点が明確である場合はフィードバックに基づき正解を見つけようとするために，学習者の言語能力の活発化にもつながるとされている（Makino 1993）．したがって，教師のフィードバックは，学習者が修正する際に役立つような内容が望まれる．

2.3 学習者同士のフィードバック

学習者同士のフィードバックは，書き手から読み手を中心としたライティングに移行させる役割を果たす．異なる意見を持った他者とコミュニケーションすることで，読み手の存在感を高めることが可能である（White & Caminero, 1995）．また，学習者の不安を減少させたり，流暢さを高めたりする効果も指摘されている（Stanley, 1992）．一方で，学習者の社会的・文化的背景の違いによりフィードバックの与え方や受け方に影響を与えるという懸念も示されている．

Nelson（1997）はESL環境などにおいて学習者の文化的背景が異なる場合，学習者同士での調和，教師と学習者の距離への配慮，書き手と読み手の面子，コミュニケーションのスタイルの4項目が，学習者同士のフィードバックに影響を与えるとしている．さらに，学習者の背景の違いが誤解を招き，効果的に修正されない可能性があることも示唆されている．Dyer and Friederich（2002）は，日本人学習者の英語力が未熟であるために他者の英語力を判断するに至っていないこと，また，他者が書いたものを批判するのを好まないことを指摘している．異なる英語レベルの学習者の場合，能力の高い学習者から低い学習者へのフィードバックは可能であるが，その逆の場合はフィードバックが与えにくいことも明らかにされている（Armstrong, 2004）. Cowie（1995）は，日本という国が読み手に解釈が委ねられている社会であるという仮説を説いたうえで，学習者のフィードバックの曖昧さと明確な指示の欠如を指摘している．言い換えると，日本人学習者同士のフィードバックを実践するためには，学力的および社会文化的な側面を考慮する必要があるのではないかと考えられる．

このように先行研究では，学習者同士のフィードバックを成功に導くためにさまざまな要因の考慮の必要性を指摘している．とくに日本人英語学習者の場合，学力的・社会的な要因を考慮すると同時に，学習者同士のフィードバックを効果的に行うための方法を模索していくことが不可欠だろう．

2.4　調査目的

本章では，プロセス・ライティングを取り入れた授業を実践し，日本人英語学習者がどのような影響を受けるかについてアンケートと自由記述の内省文をもとに調査する．また調査結果に基づいて，ライティング指導における効果的なフィードバックの与え方を提案する．

3　調査方法

3.1　調査対象者

2004年度秋学期（12週間）に埼玉県内の私立大学の必修科目である英語リーディングII（中級）を受講した児童学科28名と欧米文化学科22名の1年生の2グループを対象とした．各グループは習熟度別に分けられた5クラスの上から2番目のクラスである．

3.2　指導手順

授業（リーディング）の一環として導入したライティング活動は，以下の手順で遂行された．

①授業中に授業用テキストの内容理解に充分な時間をかけ，書く材料の理解を確実にした．
②その後，授業用テキストと共通のテーマを扱った文章（英語）を読ませ，自由英作文を 200 語以上で書かかせた．これは時間外に宿題として実施し，次週の授業までに draft 1（first draft）をタイプして，3 部持参させた．
③授業では 3〜4 人のグループで draft 1 を交換し，20 分程度フィードバックを実施した（peer feedback）．その際，英文添削コード（資料 1 参照）を用意し，文型・文法事項のフィードバックにはコードを使用し，また内容に関するコメントも含めるよう指導した．20 分では時間が足りない場合は宿題とした．
④フィードバックの与えられた draft 1 は本人に返却され，その学生は draft 1 を書直し，draft 2（second draft）を作成したのちに，翌週，フィードバック付きの draft 1 と一緒に提出してもらった．
⑤ draft 2 に対しては，教師によるフィードバックが与えられた（teacher feedback）．教師は英文添削コードに沿って，文型・文法項目のフィードバックだけを与えてから学生に返却した．

手順①から⑤のサイクルを 4 回実施することで学生に 4 種類の自由英作文に取り組ませた．フィードバックされた draft 2 に基づいて final draft を作成させ，draft 1 と draft 2 と一緒に最終回の授業で提出させた．

3.3　調査材料とデータ収集

プロセス・ライティングについてのアンケート（資料 2 参照），学生による自由記述式の内省文（reflective paper）を調査材料とした．アンケートは全 24 項目から成り立っており，学習者の英語ライティングに対する態度，プロセス・ライティングの実践，学習者同士のフィードバック，書直し，プロセス・

ライティングの達成感から成る5つのパートに分類される．回答は一部を除いて5件法（1=全く同意しない，2=あまり同意しない，3=どちらともいえない，4=かなり同意できる，5=完全に同意できる）が用いられ，最も近いと思われる番号を選ぶよう指示された．アンケートは最終授業日に実施された．所要時間は10分以内であった．アンケート回答者数は児童学科28名，欧米文化学科20名である．内省文には，プロセス・ライティングを経験して学んだことや改善点について自由に書くよう指示された．

4　結果

以下では，学習者のプロセス・ライティングについてのアンケート調査の集計結果と内省文を分析する．なお,アンケート回答は5件法の1と2を「同意しない」，4と5を「同意する」とし，まとめて分析する．

4.1　ライティングに対する態度

表4-1は学習者のライティングに対する態度の回答結果を表している．項目15の中学・高校におけるライティング経験の有無について，40%以上の学習者が「たくさん英語を書く機会があった」と答えている．しかし，和英訳ライティングと自己表現を目的としたライティングでは解釈が異なるため，回答者がどのような英語を書いていたか推測することは不可能である．高校

表4-1　ライティングに対する態度（N = 48）

	無回答	1	2	3	4	5	平均値
Q2		15(31.3%)	16(33.3%)	15(31.3%)	2(4.2%)	0(0.0%)	2.1
Q3		9(18.8%)	6(12.5%)	16(33.3%)	12(25.0%)	5(10.5%)	3.0
Q4		6(12.5%)	18(37.5%)	6(12.5%)	9(18.8%)	9(18.8%)	2.9
Q12	1(2.1%)	8(16.7%)	10(20.8%)	12(25.0%)	15(31.3%)	2(4.2%)	2.9
Q15		8(16.8%)	8(16.7%)	11(22.9%)	13(27.1%)	8(16.7%)	3.1

時代に英文スピーチのために2000語の英作文を経験したという学習者がいる一方，2〜3行程度の英文しか書いたことがないという学習者もいた.

次に，項目2の学習者のライティングに対する自信の有無について，約65%にのぼる学習者は「自信がない」というのに対し，「自信がある」と答えているのは5%弱であった．項目4のライティングとオーラルコミュニケーションの比較では,「ライティングのほうに興味がある」と回答した学習者が37.6%であるのに対し，「興味がない」という学習者は50%を占めている.項目3のライティングに対する積極性に関しては，積極的にライティングへ取り組んでいた学習者(35.4%)はそうでない学習者(31.3%)よりわずか4.1%多いだけである．項目12のライティングでフィードバックを与えることが,「楽しい」と感じている学習者 (35.5%) は「楽しくない」と感じている学習者(37.5%) より2%少ない.

4.2 プロセス・ライティングへの取り組み

表4-2は学習者のプロセス・ライティングへの取り組みを表している．項目17の原稿作成にかかった時間について，draft 1の作成時間が2時間またはそれ以上と回答した学習者は80%以上を占めている．項目8では，final draftを作成するにあたって50%以上が2時間またはそれ以上の時間を使っている．つまり，final draftよりdraft 1に多くの時間が使われている．項目16によると，85%以上の学習者が辞書を使用している．ある学習者によると,

表4-2 学習者による取り組み (N = 48)

	無回答	1	2	3	4	5	平均値
Q8	1(2.1%)	0(0.0%)	4(8.3%)	18(18.8%)	13(27.1%)	12(25.0%)	3.7
Q9		0(0.0%)	7(14.6%)	5(10.4%)	16(33.3%)	20(41.7%)	4.0
Q16		1(2.1%)	2(4.2%)	4(8.3%)	14(29.2%)	27(56.3%)	4.3
Q17	1(2.1%)	0(0.0%)	0(0.0%)	8(16.7%)	23(47.9%)	16(33.3%)	4.2
Q18		10(20.8%)	7(14.6%)	7(14.6%)	7(14.6%)	17(35.4%)	3.3
Q19		23(47.9%)	9(18.8%)	4(8.3%)	4(8.3%)	8(16.7%)	2.3

辞書使用の回数の増加により,「これまで知らなかった単語や熟語を勉強することができ，また主語・動詞などの文法的なことを復習する機会を持つことができた」のような記述が見られた.

一方，別の学習者は「どの単語を使えばいいか，どこにどれをもってきたらいいか分からず，やたらと時間がかかった」とあるように，時間の長さがライティングの生産性を示すものではないことも明らかになった．項目19の協力者の有無について，ほぼ4人に1人が友達や家族の協力を得ている．具体的には，学習者の姉，弟，または両親などがあげられている，一方で，65％以上が学習者自身でdraft 1やdraft 2を作成している．項目9では,「教師によるフィードバックを参考にして，その箇所を自分ひとりで直そうとした」という回答は全体の70％以上を占めている．また項目18から，学習者が原稿を作成する際に日本語から英語に直した学習者がほぼ2人に1人いた．学習者の1人は「自分の書いた日本語にとらわれてしまって，英語に直したら意味不明になってしまった」というようなコメントを述べていた.

プロセス・ライティングのサイクルの習慣化によって，ライティングが容易に感じられるようになったという学習者もいる．「1回目・2回目と宿題を重ねていくにつれて，だんだんと慣れてきました．コツもつかめてきたので，当初よりも作業の時間も短縮してとても楽になりました」というように，決められた手順を繰り返し実践することの重要性が示された．テキストを参考にしながら英文を書いていた学習者もいる．「テキストで使用されている文章を繰り返し読み，それを自分で実際に使うことによって読みやすい英文とはどのような文であるかを調べていた」などのように，学習者自身で新たな学習方法が追求されたこともわかった.

まとまった内容の文章を書かせることを目的とし，最低200語使用という条件を設けたが，これがライティングの障壁となってしまったことも事実である．「200語以上という数は，初心者の私にとってはとても大変でした．毎回，150単語前後でおわってしまい，むりやり後から文章をたすという形になってしまい，まとまりのない文章になってしまったことが残念でした」「単語数の最低ラインが決まっていたのがつらかった．せめて150単語．あと1－2単語不足という時には，一瞬頭の中が真っ白になりました」という意見もあった．

4.3　学習者同士のフィードバック

表4-3は，ピア・フィードバックに対する学習者の感じ方について示している．項目10の学習者が自分のdraft 1について他者と話し合うことが楽しいかという問いに対し，半数近くの学習者が「どちらともいえない」と回答している．項目11のdraft 1を他者に読んでもらうことについて，約20%の学習者が「嬉しい」と感じている一方で，約40%の学習者が「嬉しくない」と感じている．「自分の英語がしっかりとしていないので，友達に読んでもらうのが恥ずかしい」と記述している学習者がいるように，他の学習者に自分の英語を見せることに抵抗を感じる学習者もいた．項目22の他者からのフィードバックは，40%以上が参考になったと回答している．学習者のうち2名は「友達にフィードバックをもらうことは自分で見落としていた誤りを指摘してもらえたり，自分の書いた英文に対する感想を書いてくれたりしたことで励みになった」とあるように，フィードバックを肯定的に受容していたことが推測される．

次に，学習者がフィードバックを与えることに関する感想を検証してみる

表4-3　学習者同士のフィードバック（*N* = 48）

	無回答	1	2	3	4	5	平均値
Q10		5(10.4%)	7(14.6%)	23(47.9%)	11(22.9%)	2(4.2%)	3.0
Q11		7(14.6%)	13(27.1%)	18(18.8%)	10(20.8%)	0(0.0%)	2.6
Q13		3(6.3%)	3(6.3%)	7(14.6%)	14(29.2%)	21(43.8%)	4.0
Q20		5(10.4%)	8(16.7%)	20(41.7%)	14(29.3%)	1(2.1%)	3.0
Q21	1(2.1%)	10(20.8%)	15(31.3%)	19(39.6%)	3(6.3%)	0(0.0%)	2.3
Q22		1(2.1%)	8(16.7%)	18(18.8%)	19(39.6%)	2(4.2%)	3.3

と，項目20の「友達が書いたものを読むのは楽しい」に対して，約40%の学習者が「どちらともいえない」と回答している．中立的な意見が多数を占める一方,「友達の意見などを英語で読むことに新鮮さを感じた」という学習者もいる．また学習者のうちの13名が，他者のdraftを読むことで自分とは異なる意見や考え方があることに気づいたと述べている．他の学習者のdraft 1を読むことが刺激的であるという一方，項目21では，「友達の書いたものを理解するのは簡単である」に対して50%以上が否定的な回答をしている．「添削コードを使って友達の英語を直してはみたが，正しいかどうかの自信がない」「自分で英文を作るより友達の英文を読んでフィードバックを与えることのほうが難しかった」という記述も多く見られる．ある学習者は「友達が書いたものがほとんど読めず，授業で使用しているテキストより難しく感じた」と振り返っている．学習者はフィードバックを与えるにあたって，添削コードを使用して文法的な誤りを指摘しつつ，なおかつライティングの内容についてもフィードバックするよう指示が出されていた．しかし，特定のグループが積極的に内容に関するコメントを書いていたことを除けば，多数の学習者は文型・文法事項を中心に添削しており，内容に対するコメントはほとんど書かれてなかった．

また，項目13では70%以上が「自分より英語ができる友達に対してフィードバックをあげることは難しい」と回答している．これは表4-3の平均値(4.0)からも明らかである．フィードバックは毎回，同じ学習者同士で行われたが，それについて学習者の1人は「毎回同じメンバーだったので，感想とかが一本化しやすいと思う．くじ引きとかにして，できるだけいろいろな人に見てもらうことができたら，また様々な観点でつっこんだり，つっこまれたりできるのになあとも思った」とコメントする一方で,「英文を添削するグループの学生さん達が，毎回の英文に感想を書いてくれたことが私にとって大きな力になった」と感想を述べた学習者もいる．

4.4　修正と書直し

表 4-4 は，使用された英文添削コードに対する学習者の回答を示している．項目 5 によると，45％以上が添削コードの内容を理解していたことがわかった．また，項目 6 のコード表を用いた教師からのフィードバックについては，35％以上が理解していた一方で，「どちらともいえない」と回答している学習者が 45％以上を占めている．

英文添削コード表（資料 1 参照）の内容理解について，学習者が容易に対処できた添削コードとして上位 3 項目に選ばれているのは，「大文字から小文字への変更」「スペリングの指摘」「小文字から大文字への変更」の順である．一方，添削コードで誤りを指摘されたにもかかわらず，修正の仕方が分からないとして上位 3 項目に選ばれているのは，「準動詞の変更」「品詞の変更」「語彙の変更」の順である．

教師のフィードバックとそれに基づいた書直しに対する学習者の反応は，学習者間に大きな違いが見られる．「書きなおしていくうちに自分がなぜ間違えたのかを考え，その原因を追求することができた」「同じ内容だけど全く違う単語を使って同じ文の内容を書くことができた」などのように，言語について発展的に考える傾向を見せた学習者がいる一方，11 名が添削コードで指摘された誤りを修正することの難しさを指摘している．「自分では大丈夫だと思っていたものが間違えだらけだと，どこを直したらよいのか考え込んでしまった」「もう一度，書き直そうと思っても，どう直してよいかが分からず，曖昧なまま提出することになってしまったような気がする」「先生に添削してもらったところをどうなおしていいのか分からない部分があったのでそ

表 4-4　英文添削コード（N = 48）

	1	2	3	4	5	平均値
Q5	2(4.2%)	11(22.9%)	13(27.1%)	15(31.3%)	7(14.6%)	3.3
Q6	3(6.3%)	6(12.5%)	22(45.8%)	16(33.3%)	1(2.1%)	3.1

こが残念だ」という声もある.

教師からのフィードバックを参考にしながら学習者が書直しを行うにあたって，教師が添削コードで誤りを指摘するだけでなく，その誤りを正しく直すことを希望する学習者が2名いた．また別の学習者は，教師と各学習者が個別に話し合う機会（teacher-student conference）の設置を提案している.「ただ1人でやりなさいといわれても本当に分からなくて，救いの手がほしいなと思っていました」というように，学習者が教師からフィードバックを受けた後，学習者自身による修正が不可能であった箇所を教師に質問する機会が必要であることを示している.

4.5　プロセス・ライティングの達成感

表4-5は，学習者によるプロセス・ライティングの達成感についての回答を示す．項目1では半数近くが「(文法などの) 言語形態に関するフィードバックをもらうことによって，自分の英語の弱点に気づくことができた」と回答した一方で，約40%の学習者が「どちらともいえない」と回答している．また，教師からのフィードバックは文型・文法項目に限られていたが，項目7では40%近くの学習者が「教師によるフィードバックの中で，内容形態に関するフィードバックもあればよかった」と答えていた.

項目14では，学習者の半数近くが「書直したものを提出する際に達成感を感じた」と回答していた．英語が苦手な学習者は「自分でもやればできる」という自己満足感を得ることができたと述べている.「英語で感想を書けるようになり，パソコンでそれをまとめることができるようになった」「自分な

表4-5　学習者の達成感（$N = 48$）

	無回答	1	2	3	4	5	平均値
Q1	1(2.1%)	1(2.1%)	5(10.4%)	19(39.6%)	19(39.6%)	3(6.3%)	3.4
Q7		1(2.1%)	7(14.6%)	22(45.8%)	16(33.3%)	2(4.2%)	3.2
Q14		2(4.2%)	8(16.7%)	15(31.3%)	18(37.5%)	5(10.4%)	3.3

りに努力し,期限や決められたことを守り頑張った,そして4回目のライティングが1回目などに比べるとあまり直されていなかったのでとても嬉しくなった」と振り返っている学習者もいる．しかし，学生のうちの半数以上の34名から「大変だった」「無理だと思った」「辛かった」という声が聞かれた.

5　考察

学習者のライティングに対する態度については，全体的に消極的であるように見受けられる．これは，表4-1に示す平均値が全体的にあまり高くないことからも明らかである．しかも，項目4から学習者がリーディングよりオーラルコミュニケーションなどに関心があるという結果は，高橋（2004）と後藤（2005）の調査結果と共通点を持つと言えよう．とくに学習者の英語に対する自信の有無については，項目2の平均値（2.1）が示すように，学習者の多数はライティングに自信がないことを示している．学習者全体の特徴としては，ライティングに自信がなく，またそれに対する関心も低い学生が多くを占めていると言えるだろう.

プロセス・ライティングの取り組みについては，多数の学習者にとって負担が大きいものであったと言えるだろう．これは表4-2の平均値（項目18と19を除く）が比較的高いことからも明らかである．なお，項目19に関しては,その設問の方法に誤りがあった．本来は,「毎回の英文ライティングは，友達や家族などに助けてもらわずに，1人で取り組んだ」とすべきところであったが，協力者を得ていた学習者の割合が少なかったことを示す結果になってしまった.

学習者同士のフィードバックについては，学習者同士で英語レベルに大きな差異が見られる場合，フィードバックが充分に行われない可能性が示唆された．これは読み手である学習者の英語力が不足しているために内容がよく理解されない，または書き手である学習者の英語力不足によって書きたい内容が明確に伝わらないというように，一方または両方の要因が絡んでいると考えられる．この点はDyer and Friederich (2002) やArmstrong (2005) の指摘とも一致している．さらに，学習者がフィードバックを与えるよりも，フィードバックをもらうほうを好んでいる傾向も見られた．これは項目22の平均値 (3.3) が他の項目と比べると若干高いことから，他者からのフィードバックを受け入れることに対して寛容であることが推測できる．

教師のフィードバックについては，英文添削コード表を理解している一方，実際に教師からフィードバックを受けるとどのように修正したらよいのか分からない学習者が多数存在することが判明した．また項目23の回答によれば，修正のポイントが具体的で分かりやすい添削コードが，学習者にとって即，修正できると考えられていたことも明らかである．ただし，学習者がフィードバックの意味を理解していない場合，教師からのフィードバックがfinal draftに反映されていない可能性も考えられる．この結果は，教師が添削コードを利用して具体的なフィードバックを与えていたとしても，学習者に基礎的な英語力が備わっていない場合には，書直しが効果的に行われないということを示している．

プロセス・ライティングの達成感については，他の学習者や教師からのフィードバックによって学習者の文型や文法項目に対する意識を向上させると考えられる．なぜなら同じ誤りを繰り返すことに気づけば，やがて学習者はその項目を意識して学習するだろうと考えるからである．表4-5の項目14が示すように，達成感について「どちらともいえない」と回答する学習者が30%以上いるものの，プロセス・ライティングを終えて自己満足感を感じている学習者の数がそうでない学習者より上回っている．したがって，このプロセス・ライティングは一定の効果があったと考えられる．また，本調査で教師があえて内容に対してフィードバックしなかったのは，教師からのフィードバックが言語形態に対してのみの場合でも，修正を行うことによって内容の質が向上する (Fatham & Whalley, 1990) と考えたからである．本調査ではプロセス・ライティングの実践による学習者への影響を明らかにすることを目的としており，したがって，言語形態に焦点を当てたフィードバックの効果については別途分析を行い，考察を加える．

6 おわりに

本調査では，英語を学習している日本人学習者がプロセスを重視したライティング学習を経験することで，どのような影響を受けるかについてアンケート調査と内省文の分析および考察を行った．学習者には授業の一環として draft 1の作成，学習者同士や教師のフィードバック，修正と書直し，final draft の完成というライティングに必要なプロセスを経験してもらった．その結果，ライティングにあまり自信を持っておらず，なおかつ消極的である学習者にとってプロセス・ライティングを遂行することは大きな負担である一方，他の学習者が書いたものを読んだり，自分が書いたものを書直したりというプロセスを繰り返すことで，学習者が成就感を感じることができるということが明らかになった．さらに，他の学習者からのフィードバックに対しては寛容であるが，他の学習者にフィードバックを与える立場になると学習者の英語レベルが大きく影響することが判明した．

以上の結果から，プロセス・ライティングを導入して学習者のライティング能力を向上させる方法の１つとして，フィードバックの効果的な活用があげられると考える．まず，学習者同士のフィードバックを活性化させるために，フィードバック方法に関する訓練を学習者に与えることである．これは，Stanley（1992）の研究で，学習者同士のフィードバック方法について訓練を受けた学習者のグループとそうでないグループを比較した場合，訓練を受けたグループのほうが詳しいコメントを与えたという結果が得られている．それゆえ，学習者同士のフィードバックを導入する前に，学習者のフィードバックに対する理解を深めるという観点からも適切な訓練が必要であると考えられる．たとえば，ライティングのルールを説明したり，フィードバックのよい例とそうでない例を示したり，サンプル・ライティングを用いて説明したりすることによって，学習者のフィードバックに対する意識を高めることが可能になるだろう．

次に，教師のフィードバックにしたがって効果的な修正を行うためには，教師と学習者によるカンファレンス（teacher-student conference）を設置することも有用だろう．Taniguchi（1990）は内容の向上を目的としたカンファレンス（content conferences）と，修正を目的としたカンファレンス（editing conferences）の２種類に分類し，まず，前者では書き手の意図するところを表現することに対して取り組み，後者ではライティング過程の最終段階で行われ，書いたものをさらにきれいに仕上げることを目的とする．つまり，この２種類の話し合いの機会を適宜に設けることで，学習者は修正の過程においてだけでなく，原稿作成の過程において教師から助言を受けることが可能になる．このような機会を学習者に提供することで，教師と学習者はコミュニケーションの場を構築するとともに，学習者が問題解決の場を確保することが可能になると考えられる．

さらに，学習者がフィードバックを有効に利用するために，読み手を理解させるための英文を書くと同時に，他者が書いたものを理解するのに必要な英文読解力を備えることが必要だろう．したがって，学習者が基礎的な英語力を定着させていることが前提となるだろう．本調査はライティング活動の実践期間が１学期（12週間）という短期間であったため，このプロセス・ライティングが学習者のライティング能力の向上に結びついているかについて断定することはできない．しかしながら，基礎的・実践的コミュニケーション能力の向上を目指すためには，学習者のライティング能力を強化していくこともオーラルコミュニケーション能力の育成と同様に必要不可欠であると考える．今後はプロセス・ライティングを介して，学習者のライティング能力とともにコミュニカティブな活動として学習意欲の向上にも貢献するような教授法を確立させ，学習者のライティング能力の科学的な検証を試みたい．

英語文献

Armstrong, S. (2004, November). *The nature of peer response in Japanese university writing classes.* Paper presented at the Japan Association for Language Teaching International Conference, Tezukayama University, Nara.

Cowie, N. (1995). Students of process writing need appropriate and timely feedback on their work, and in addition, training in dealing with that feedback. *Saitama University Review, 31*(1), 181-194.

Dyer, B., & Friedrich, L. (2002). The personal narrative as cultural artifact: Teaching autobiography in Japan. *Written Communication, 19*(2), 265-296.

Fatham, A., & Whalley, E. (1990). Teacher response to student writing: Focus on form versus content. In B. Kroll (Ed.), *Second language writing: Insights for the classroom.* Cambridge: Cambridge University Press, 178-190.

Ferris, D. (1997). The influence of teacher commentary on student revision. *TESOL Quarterly, 31*(2), 315-335.

Flower, L., & Hayes, J. R. (1981). A cognitive process theory of writing. *College English, 44,* 765-777.

Furneaux, C. (1998). Process writing. In K. Johnson & H. Johnson (Eds.), *Encyclopedic Dictionary of Applied Linguistics* (pp. 257-260). Oxford: Blackwell.

Gascoigne, C. (2004). Examining the effect of feedback in beginning L2 composition. *Foreign Language Annals, 37*(1), 71-76.

Hillocks, G. Jr. (1987). Synthesis of research on teaching writing. *Educational Leadership, 44,* 71-82.

Kroll, B. (Ed.) (1990). *Second language writing: Insights for the classroom.* Cambridge: Cambridge University Press.

Makino, T. (1993). Learner self-correction in EFL written compositions. *ELT Journal 47*(4), 337-341.

Murray, D. M. (1987). *Write to learn.* New York: Holt, Rinehart and Winston.

Nelson, G. L. (1997). How cultural differences affect written and oral communication: The case of peer response groups. *New Directions for Teaching and Learning, 40,* 77-84.

Sommers, N. (1982). Responding to student writing. *College Composition and Communication, 33* (2), 148-156.

Stanley, J. (1992). Coaching student writers to be effective peer evaluators. *Journal of Second Language Writing, 1* (3), 217-233.

Taniguchi, J. M. (1990). Who does what with errors? *Cross Currents, 40* (3), 171-176.

White, A. S., & Caminero, R. (1995). Using process writing as a learning tool in the foreign language class. *The Canadian Modern Language Review, 51* (2), 323-329.

日本語文献

後藤圭子 (2005).「オーラルコミュニケーションの年間計画」『英語教育』*4*, 25-28.

高橋妙子 (2004).「学習者たちは授業に何を期待しているか－アンケートから」『英語教育』*7*, 28-2.

資料1 英文添削コードと回答（Q23・Q24）

（複数回答あり）

		Q23	Q24
(1)	スペリングを直しましょう．	22	0
(2)	主語と動詞を一致させましょう．	7	3
(3)	この準動詞（不定詞，分詞，動名詞）を直しましょう．	3	27
(4)	この動詞の時制（現在，過去，未来）を直しましょう．	13	11
(5)	この語の選択か正しくないので，辞書でこの語を調べましょう．	6	15
(6)	この語の品詞（名詞，動詞，形容詞，副詞など）を直しましょう．	2	22
(7)	語の順番を直しましょう．	4	11
(8)	大文字に直しましょう．	25	0
(9)	小文字に直しましょう．	20	2
(10)	この名詞や動詞の数を直しましょう．	7	5
(11)	段落切りが不適当です．	6	4
(12)	段落最後の行以外では余白を残してはいけません．	7	4
(13)	接続詞 Because は単独節で使うことはできません．	5	7
(14)	明確でありません．	2	11
(15)	語を加えましょう．	3	8

資料2　アンケートの質問項目

(1)　(文法などの) 言語形態に関するフィードバックをもらうことによって，自分の英語の弱点に気づくことができた．
(2)　英語を書くことに自信がある．
(3)　英語を書くことを避けないようにしている．
(4)　英語を聞いたり話したりすることより，書くことに興味がある．
(5)　英文添削コード表の意味を理解していた．
(6)　教師によるフィードバックの意味を理解した．
(7)　教師によるフィードバックの中で，内容形態に対するフィードバックもあれば良かった．
(8)　教師によるフィードバックをもらった後，それぞれの英文ライティングを書直すのに(1=全く時間がかからなかった，2=10分以内でできた，3=30分くらいでできた，4=2時間くらいでできた，5=2時間以上かかった)．
(9)　教師によるフィードバックを参考にして，その箇所を自分ひとりで直そうとした．
(10)　自分が書いたものを友達と一緒に話し合うことは楽しい．
(11)　自分が書いたものを友達に読んでもらうのは嬉しい．
(12)　自分の意見や考えを英語で書くことは楽しい．
(13)　自分より英語ができる友達に対して，フィードバックをあげることは難しい．
(14)　書き直したものを提出する際に達成感を感じた．
(15)　中学や高校で，英語を書く機会がたくさんあった．
(16)　毎回の英文ライティングで，英和・和英辞書を使用した．
(17)　毎回の英文ライティングは，(1=全く時間がかからなかった，2=10分以内でできた，3=30分くらいでできた，4=2時間くらいでできた，5=2時間以上かかった)．
(18)　毎回の英文ライティングは，日本語で書いてから英文に直していた．
(19)　毎回の英文ライティングは，友達や家族などに助けてもらった．
(20)　友達が書いたものを読むのは楽しい．
(21)　友達が書いたものを理解するのは簡単である．
(22)　友達のフィードバックは参考になる．
(23)　添削コードによる指摘で，分かりやすかったものを3つ番号で挙げてください．
(24)　添削コードによる指摘で，分かりにくかったものを3つ番号で挙げてください．

第５章　ピア・レスポンス活動に対する日本人学習者の意識調査

1　はじめに

ピア・レスポンスは，学習者が協同学習を通してお互いの作品に対してフィードバックを与えあうことによって，作品の完成度を高める学習形態である．他の学習者とのインタラクションは，学習者のライティング技能だけでなく社会の中で営んでいくための技能（social skills）を高めることに結びつく．外国語教育においても，ピア・レスポンスが教室学習におけるライティング技術を向上される目的で取り入れられている．外国語で書かれた作品は，他の学習者から内容や文法項目に関連したフィードバックに基づいて書き直しが行われた結果，学習者による作品の質を向上できる．

ピア・レスポンスに関する先行研究では，ピア・レスポンスの特性（Lockhart & Ng, 1995a, 1995b; Mangelsdorf & Schlumberger, 1992; Nelson & Murphy, 1992; Villamil & de Guerrero, 1996），書直しに対するピア・レスポンスの効果（Berg, 1999; Connor & Asenavage, 1994; Paulus, 1999），ピア・レスポンスに対する学習者の捉え方（Arndt, 1993; Jacobs, Curtis, Braine, & Huang, 1998; Leki, 1990; Mangelsdorf, 1992; Mendonca & Johnson, 1994; Zhang, 1995）など，多岐にわたる議論が行われている．外国語のライティング指導において，ピア・レスポンスなどの協同学習の機会を設けることは，外国語学習者にとって有益であることが示唆されている．この章では，アンケート調査を用いて，日本人英語学習者による英語ライティングのピア・レスポンスに対する考え方を検証する．ピア・レスポンスを効果的な指導手順として向上させるために，教師と学習者の役割についても検討する.

2　先行研究

2.1　ピア・レスポンスに対する学習者の見方

応用言語学の分野の中でも外国語ライティングは，これまでの20年間にわたってピア・フィードバックの有用性に焦点が当てられてきており，とりわけライティングに対する学習者の考え方に関心が集まっていた．たとえばLeki (1990) の研究では，大学におけるESL学習者 (20名) を対象とし，他の学習者の書いたものを読んでフィードバックを与えることの有用性について検証した．その結果, 16名が他の学生が書いたものを読むことは効果的である一方，他の学習者によるコメントをもらうことの有用さについて肯定的な意見 (15名) と否定的な意見 (5名) があった．この結果から，教師が最初に学習者とタスクについて話し合い，ピア・フィードバックの機会が「レスポンスを導くための質問」とともに構成され，教師が学習者同士のインタラクションを監視するなどの条件のもとで実施されるのであれば，ピア・レスポンスの機会は効果的に活用されると示唆されている．

Mangelsdorf (1992) は，アメリカの大学において上級ESL学習者 (40名) を対象者とし，ピア・レビューのプロセスに対する考え方を検証した．その結果，学習者の多くは共通のトピックであっても異なる視点があることに気づき，アイディアを膨らませるために，ピア・レスポンスは有益だったと回答している．その一方で，ピア・レスポンスの機会はもっと注意を払って構成させるべきだという意見もある．Mangelesdorfは，学習者によるレスポンスがどのように向上するのか，また，学習者によるレスポンスが上達し始めるの時期がいつであるかを知るためには，教師が忍耐強くなることが必要であると指摘している．LekiやMangelsdorfと同様に，Zhang (1995) はアメリカのESL学習者（81名）を対象とし，教師・ピア・自発的（教師でない）の3種類のフィードバックのうち，どれを好んでいるのかについて検討した．その結果，学習者は圧倒的に教師によるフィードバックを好んでいるが，大半は自発的フィードバックよりピア・フィードバックを好んでいることが示された．Zhangは，3種類のフィードバックが適切に使われた場合，ESL学習者にとってフィードバックは有益であると結論づける．

ピア・フィードバックに関する先行研究に基づき，Ferris（2003）は一般的に重要なことは以下の3点だと主張している．

① Although L2 writers appreciate response on all aspects of their writing, they feel very strong about receiving feedback about their language errors.
② If they had to choose between forms of feedback, they clearly prefer teacher feedback, whether written or oral.
③ Students feel that a combination of feedback sources (teacher, peer, self) can also be beneficial to them.

(p. 114)

2.2　日本人学習者とピア・レスポンス

日本人の英語学習者を対象としたピア・フィードバックの研究も行われている．たとえば，Armstrong（2004）は，ピア・フィードバックの特徴を観察し，初稿のエッセイに対して処方箋的なフィードバックを与えるが，書直しされたエッセイには『ハンコ』に押したようなフィードバックを与える傾向が見られた．日本人学習者の学習経験や授業における教師の役割についての学習者の信念や他の要因が，このような落胆させる結果をもたらしたのではないかと指摘されている（Armstrong, 2004）．

岡田（2006）の研究では，大学生（50名）を対象としてアンケートと内省文を使ってピア・教師からのフィードバックに対する見方を検証した．その結果，学習者の英語に対する自信がないためにピア・レスポンスの機会があまり役立っていないことや，学習者自身で間違いを訂正するのが難しいと感じていることがわかった．この結果から，学習者にとって効率的な読み手になるのと同様，上手な書き手になるためには手助けが必要であるということが示唆されている．

また，Okada (2006) は大学生 (13名) を対象としてピア・レスポンス活動についての内省文を分析し，学習者のライティングに対するフィードバックを検証した．学習者のコメントによると，自身が書いたものを異なる角度から眺めることができ，見逃していた言語エラーを見つけることができるため，ピア・フィードバックは有益である．また，他の学習者が言語エラーを見逃している可能性もあることから，教師によるフィードバックも必要であることが指摘された．

Okada (2007) は，グループでのピア・レスポンスの音声データとともに学習者の1回目と2回目の原稿を検証し，学習者による書直しの種類を分析した．その結果，ほとんどの言語の書直しは内容の意味に影響を与えていないこと，書直しの半分以上は他の学習者からのフィードバックとは関係のないものであることが示された．ピア・フィードバックは学習者に言語に注意を向けさせるには効果的であったが，内容自体を変更させることには至らないと結論づけた．

日本人学習者を対象とした先行研究では，ピア・フィードバックに参加することが学習者のためになり，自らの考えや感情を分け合うことができる一方で，英語力の低い学習者にとって他の学習者が書いたものを読んだり，フィードバックを与えたりすることは難しいことも指摘されている．

3 研究目的

本研究ではアンケート調査を用いて，日本人英語学習者によるライティングにおけるピア・フィードバックに対するとらえ方を検証する．また，ピア・

フィードバックを効果的な指導手順の1つとして発展させるために，教師と学習者の役割についても言及する．

4　調査方法

4.1　調査対象者

都内大学で地球市民学科に所属する大学1年生（24名）が対象者である．必修科目である英語コミュニケーションのクラスを履修しており，日本人学習者（22名）以外に台湾からの交換留学生（2名）が含まれていた．半期（12週間）にわたって週2回授業が実施された．1回の授業は90分である．この授業の目的は，フィールドワークに必要な英語によるコミュニケーション技術を高めることとフィールドワークの報告書を完成させるためのライティング技術を身につけることである．英語プレイスメントテストの得点に基づいて3グループが編成され，対象者は一番下のレベルであった．英語力はあまり高くはないが，英語学習に対して興味・関心が高い学生が集まっていた．

4.2　指導手順

著者がこの授業を担当しており，テーマ別になった教科書（Adachi *et al*, 2007）が使用された．教科書の20章のうち，授業で使用したのは，(1) Talking about myself，(2) My family，(3) My town and neighborhood，(4) My campus life，(5) My kind of career，(6) Travel and correspondence の6章である．各章は授業3回にわたって学習された．学生はモデル会話を聞き，パートナーと練習した後，学生は穴埋め問題や語順並べ替え・トピックに関連した短い質問への回答などに取り組んだ．授業で使用した6章のうち，最初の4章についてそれぞれエッセイを書かせた．

学生は宿題として200単語程度のエッセイを書き，ピア・レスポンス活動のためにコピーを3部持参した．グループで原稿を交換した後，学生は他の学習者が書いた原稿を約15分読み，内容についてさらに知りたいこと（5つ）を日本語で書いた．次に約30分間，ハンドアウト（資料参照）に書いてある質問を参考にしながら学生はグループごとに話し合い，書直しを効果的に行うためのアイディアを出し合った（ピア・レスポンス活動）．ピア・レスポンスの後，学生は他の学生のフィードバックを参考にしながら，各自の原稿を書直し，教師に提出した．学生の2回目の原稿は，教師からの内容と言語についてのフィードバックと一緒に返却された．

学生は上記に述べたピア・レスポンスのタスクを第1章から4章まで合計4回取り組んで，ライティング・タスクを完成させ，毎回新しいグループのメンバーとフィードバックを交換した．1回目と2回目は教師によってグループが編成されたが，3回目と4回目は学習者自身によってグループを編成させた．その理由は，教師による編成と自らによる編成との違いを体験することが必要だと考えられたからである．他の学生の原稿を読むときは，1回目から3回目までは授業中に読んでもらったが，4回目は授業時間に制約があったために授業外で読んでもらった．学生は4つのエッセイの中から1つ選び，オーラルプレゼンテーションの原稿として暗記した．原稿を教師に1度だけ提出した学生もいたが，エッセイの内容を膨らませるために2度提出した学生もいた．

他の学習者からのフィードバックを参考にしながら早い段階で書直し，原稿の内容がまとまった段階で，教師によるフィードバックを参考にしながら原稿を仕上げることが効果的ではないかと考えられた．そこで，本研究ではピア・フィードバックは書直しの早い段階，教師によるフィードバックは最終段階で与えられた．

4.3　調査材料

すべての活動が終了後，学生にピア・レビューの活動についてのアンケートを4件法（1=とてもそう思う，2=まあまあそう思う，3=あまりそう思わない，4=全くそう思わない）で回答してもらった．なお，平均値を算出する際には，各項目の配点を逆にして加算した．なお，一部の質問に対しては，選んだ理由も簡単に明記してもらった．

5　結果

学習者がピア・レスポンスをどのように見なしていたかを検討するために，アンケート調査の結果をデータとして分析した．対象者24名のうち，交換留学生を含んだ20名が回答した．本研究では，日本人学習者のピア・レスポンスに対する見方を焦点としていたため，交換留学生は含めずに日本人学生18名の回答結果だけを分析した．

表5-1では学生のピア・レビューの参加回数を示している．学生18名のうち11名が3回または4回参加したと回答している．中には参加した回数を覚えていない学生も6名いた．アンケート調査は学期末に実施され，教師は事前にこのような質問を学習者に聞くことを伝えていなかったため，参加した回数を明確に記憶していない学生がいたものを考えられる．

表5-1　学生の参加回数（N = 18）

	無回答	1回	2回	3回	4回
1　Peer Review Discussionに何回参加したか.	6	0	1	6	5

表 5-2　ピア・グループの編成（N = 18）

	とても そう思う	まあまあ そう思う	あまりそう 思わない	全くそう 思わない	M
2　グループの学生は，教員が決めたほうがいい．	5	11	0	2	3.06
3　グループの学生は，自分たちで決めたほうがいい．	2	3	12	1	2.33

表 5-3　グループの大きさ（N = 18）

	2人	3人	4人以上
4　ひとつのグループは（自分を含めて）何人くらいがふさわしいと思うか．	1	16	1

表5-2と表5-3では，ピア・グループの編成についての結果を示している．表5-2が示すように，16名は「メンバーは教師が決めたほうがよい」と感じていることが分かった．設問2から4ではグループの構成とその人数について質問した．グループのサイズについては，3つの選択肢の中から選ぶようになっていたが，16名は「3人」と回答していた．理由を自由に記述してもらったところ，学生の多くがピア・レスポンスグループでは3人が「ちょうどよい人数」であると述べていた．また数名の学生は，もしペアで作業すると3人で行うよりコメント数が減少し，またパートナーが休んだ場合にはフィードバックを交換することができなくなるという点を指摘している．反対に，3人以上の場合だと全員のライティングについて話し合う時間がさらに必要になるだろうと言及している．

次に，他の学生が書いたものを読むのはいつが適しているかについて回答を求めたところ，13名が「授業中に読むのがよい」というのに対して，3名

表 5-4　他の学生の書いたものを読むこと（N = 18）

	無回答	授業中	授業以外
5　同じグループの学生のライティングを読むのは，（授業中/授業以外）がいい．	2	13	3

は「授業外で読みたい」と回答している（表5-4参照）．「授業中に読む」と回答した学生の多くは，宿題として他の学生の書いたものを読みたくないと説明している．その理由として，学生2名は宿題として読んだときには書き手に対してすぐに質問できないので不便であると述べている．別の学生は宿題であると読むのを忘れたり，授業に持参し忘れたりする可能性を指摘した．一方で,「授業外で読む」と回答した学生3名によると，授業では入念に読む十分な時間が取れないが，宿題の場合は可能だと回答している．

表5-5と表5-6は，ピア・リビューセッションに対する態度と各セッションの長さに関する学習者の回答を示している．設問6から設問8の平均値によると，学習者のほとんどがピア・レビューセッションに対して前向きな態度を示しているが，否定的な態度の学生も少数ではあるが含まれている．設問9で話し合いに与えられた時間が十分であったかについて質問したところ，

表5-5　ピア・グループでの話し合い（$N = 18$）

		とても そう思う	まあまあ そう思う	あまりそう 思わない	全くそう 思わない	M
6	グループの学生のライティングを読むと，いろいろな質問が浮かんでくる.	3	13	2	0	3.06
7	グループの学生のライティングを読むのは楽しい.	7	10	1	0	3.33
8	自分のライティングを読んでもらい，質問をしてもらうのは楽しい.	6	8	2	2	3.00

表5-6　話し合い時間（$N = 18$）

		無回答	もっと短いほうがいい	ちょうどよい	もっと長いほうがいい
9	Peer Review Discussion（3人のグループ）に与えられた時間は，今回の授業では約30分（約10分/1人）だった．それについてどう思うか.	1	2	15	0

表 5-7 ピア・フィードバック（N = 18）

	とてもそう思う	まあまあそう思う	あまりそう思わない	全くそう思わない	M
10 学生からの質問は，書き直しをする時に役に立った.	8	8	1	1	3.28
11 学生に文法などの間違いを指摘してほしかった.	2	9	7	0	2.72

15名が十分であったいう一方で，2名は時間が不足したと回答していた.

設問10と設問11では内容に関するフィードバックが有用であったか，また他の学習者から文法に対するフィードバックを期待していたかについて回答を求めた（表5-7参照）. 設問10によると，16名は他の学習者からの質問は書直す際に有用だったと回答した. 設問11の回答の平均値は2.72であり，これは半分以上の学習者がフィードバックは書直すときに役立ったことを示している. また，他の学習者からのフィードバックによって，書き忘れていたことや書直しに含めたほうがよいことに気づいたり，内容を膨らますことができたりしたと述べている. 本研究では，他の学習者からのフィードバックは文法や言語ではなく内容に限られていたが，設問11に示されているように文法や言語に対するフィードバックを期待する学生が11名いた.

表5-8は教師からのフィードバックに関する質問に対する回答結果である. 2つの設問の平均値から，学習者は教師による内容と文法の両方についてのフィードバックを必要としていることが示された. とりわけ，設問12ではほとんどの学生が他の学習者からだけでなく，教師からの内容に関する

表 5-8 教師の役割（N = 18）

	とてもそう思う	まあまあそう思う	あまりそう思わない	全くそう思わない	M
12 教師から内容についてのコメントが欲しい.	8	9	0	1	3.33
13 教師に文法などの間違いを指摘してほしい.	13	4	0	1	3.61

表 5-9　ライティングの後（$N = 18$）

		とても そう思う	まあまあ そう思う	あまりそう 思わない	全くそう 思わない	M
14	何度も書き直すと，ライティングが上手になったような気がする．	4	12	1	1	3.06

フィードバックを必要としていることが示された．

設問13では学生17名によると，学習者は内容へのフィードバックは他の学習者から受け取っているが，自分たちが書いたものが文法的に正しいかどうかについては確信がないことから，教師からの文法や言語に対するフィードバックが重要だと指摘している．

表5-9が示すように,「ライティングが上手になったような気がする」と答えた学生が16名いた．学生の1人は，英語でたくさん書いているうちに間違いが少なくなってきたとコメントしている．別の学生は，1回目と比較すると，4回目のほうがライティングを完成させる時間がかからなくなったことをあげている．書直しを数回するとライティングが向上したような気分になると述べていた学生が大勢いる一方で，リビューセッションで話したことが書直しに反映されているか不安に感じた学生も1人いた．

6　考察

6.1　日本人学習者によるピア・レスポンスに対する見方

本研究では，学習者が比較的ピア・レスポンスをポジティブに捉えており，他の学習者のライティングに対して真剣にフィードバックを与えていることが示された．授業におけるピア・レスポンス活動を効果的に実施するには，教師と学習者が意見や改善点を気兼ねなく述べることができる学習環境を整えることが重要である．本研究の対象者は全員同じ専攻であり，また英語学習への関心は高いほうであった．ピア・レスポンスセッションでは他の学習者のライティングに対して真剣に取り組み，書直しでも他の学習者からのフィードバックを参考にしていた．ピア・フィードバックと書直しの組み合わせによって，学習者はライティング・タスクに対する達成感や充実感を感じることができたと報告している．しかしながら，今後の研究では，初稿と書直し後の原稿の比較などによってライティング技術がどのように発達したかを検証する必要があるだろう．

グループ構成については，誰がグループのメンバーを決めるかということよりグループの人数を適切にすることのほうが学習者にとっては重要であることも明らかになった．3回目と4回目のピア・レビューセッションにおいて学生自身でグループを構成するときに，なるべく離れた場所にいる学習者ではなく，近くにいる学習者と一緒にグループを編成していた．これは，学習者が構成員の選抜に対してあまり重要視していないことが示唆されている．Liu（1998）の研究において3人で編成されるグループが好ましいという結果と一致するように，本研究でも学習者の大半が3人によるグループを好むと回答している．1グループ3人構成というのは，書き手である学習者が少なくとも2人の異なる読み手からフィードバックを受け取れることから適切なサイズだと思われる．4人以上で構成されるグループの場合，書き手は多岐にわたる意見に耳を傾けなければならない．一方で，あまりにもフィードバックが少ないと，書直しの際に他の学習者からのフィードバックをどの程度反映させるか判断するのが困難になるだろう．

さらに，授業内で他の学習者のライティングを読むのにかかる時間について考慮することも重要だろう．本研究では時間不足を指摘していた学習者もいたが，大半は他の学習者のライティングを読んで，質問を準備する時間が十分取られていたと報告している．また，教師がピア・レスポンスのためのライティング・タスクを準備する際に，トピックの選択（学習者全員がトピックについて熟知しているか）やパラグラフの長さ（学習者がライティングを読んで，書き手に対して質問を考えることができるか）について真剣に考えることが重要である．

6.2　ピア・レビューにおける学習者と教師の役割

本研究では，学習者は内容フィードバックを与え，教師は最終段階において内容と文法・言語に関するフィードバックの両方を与える役割を担っていた．学習者は教師による内容と文法や言語に関するフィードバックの両方を期待しており，これは他の学習者から内容のフィードバックをもらっていたが，文法的な間違いなども正しく直すことを望んでいた．また，18名が他の学習者からの言語フィードバックを期待していたことから，他の学習者によるフィードバックを多くの学習者が希求していることが示唆される．

ピア・レスポンスを通してライティング技術を向上させるには，学習者のライティングに対して内容と文法や言語のフィードバックを与えることが必要である．しかしながら，本研究においては教師が学習者より文法的な知識を持ち合わせており，学習者のライティングに文法や言語のフィードバックを効率よく与えることができるという理由から，他の学習者のライティングに内容フィードバックだけを与えることに限定した．一方で，学習者は同じトピックについて書いているために他の学習者によるライティングの内容を理解しやすいと考えられる．そのために，「書き手と読み手が共有している内容知識はピア・フィードバックをより効果的で満足度を高めることになるだろう」（Ferris, 2003, p. 86）と指摘されている．

しかし，今後の研究において学習者が他の学習者から文法・言語フィードバックを受け取るのであれば，自らの間違いに気づいて教師に提出するための書直しでは文法使用により焦点を当てることができるだろう．学習者は他の学習者のライティングを読んで，言語の間違いを訂正することによって文法的な知識を発達させることが可能だろう．

6.3　本研究の限界と課題

本研究では日本人の英語学習者によるピア・レスポンスに対する視点に注目したが，さらなる検証が必要になる課題も残されている．まず，本研究の結果を一般化するためには，より多くの対象者によってピア・レスポンスに対する視点を検討しなければならないだろう．英語力の異なる学習者を検証し，ピア・レスポンスに対する視点の差異について比較する必要があるだろう．

もう1つは，本研究ではピア・レスポンス活動に関する学習者の観点を分析するために質問紙を使った回答が使用された．本研究の分析結果を実証するためには，量的データの他にピアグループセッションの音声記録などの質的データを収集する必要があるだろう．量的・質的データを加えることによって，社会的対話を通したライティング・タスクへの取り組みがさらなる教育的な洞察を与えるだろう．

7　おわりに

本研究ではピア・レスポンス活動が学習者によってポジティブに捉えられていることが示された．Leki (1990) や Mangelsdorf (1992) が示すように，学習者の言語技術を向上させるにはピア・レスポンスが有用である．日本における英語ライティング分野の研究者によると，ピア・レスポンスがライティング技術を発達させる効果的な方法として関心が向けられてきている．日本人学習者はピア・レスポンスにポジティブな見方を示しているようであるが，学習者のライティング能力を高めることを実証するためには，学習者のライティングプロセス (writing process) とライティング完成品 (writing product) との関係についてのさらなる検証が必要だろう．

英語文献

Adachi, K., Nakauye, M., Takeda, A., & Umeda O. (2007). *English Writing for Global Communication*, 金星堂

Armstrong, S. (2004, November). *The nature of peer response in Japanese university writing classes.* Paper presented at the Japan Association for Language Teaching International Conference, Nara.

Arndt, V. (1993). Response to writing: Using feedback to inform the writing process. In M. N. Brock & L. Walters (Eds.), *Teaching composition around the Pacific Rim: Politics & pedagogy* (pp. 90-116). Clevedon, England: Multilingual Matters.

Berg, E. C. (1999). The effects of trained peer response on ESL students' revision types and writing quality. *Journal of Second Language Writing, 8*(3), 215-241.

Connor, U., & Asenavage, K. (1994). Peer response groups in ESL writing classes: How much impact on revision? *Journal of Second Language Writing, 3,* 257-276.

Ferris, D. R. (2003). *Response to Student Writing: Implications for second language students.* London: Lawrence Erlbaum Associates, Inc.

Jacobs, G. M., Curtis, A., Braine, G., & Huang, S. (1998). Feedback on student writing: Taking the middle path. *Journal of Second Language Writing, 7,* 307-318.

Kondo, Y. (2004). Enhancing student writing through peer review coaching. *Annual Review of English Language Education in Japan, 15,* 189-198.

Leki, I. (1990). Potential problems with peer responding in ESL writing classes. *CATESOL Journal, 3,* 5-19.

Liu, J. (1998). Peer review with the instructor: Seeking alternatives in ESL writing. In J. Richards (Ed.), *Teaching in action: Case studies from second language classrooms* (pp. 237-240). Alexandria, VA: TESOL.

Lockhart, C., & Ng, P. (1995a). Analyzing talk in ESL peer response groups: Stances, functions, and content. *Language Learning, 45*(4), 605-655.

Lockhart, C., & Ng, P. (1995b). Student stances during peer response in writing. In M. L. Tickoo (Ed.), *Reading and writing: Theory into practice* (pp. 118-132). SEAMEO Regional Language Centre: RELC.

Mangelsdorf, K., & Schlumberger, A. L. (1992). ESL student response stance in a peer-review task. *Journal of Second Language Writing, 1*(3), 235-254.

Mangelsdorf, K. (1992). Peer reviews in the ESL composition classroom: What do the students think? *ELT Journal, 46*(3), 274-285.

Mendonca, C. O., & Johnson, K. E. (1994). Peer review negotiations: Revision activities in ESL writing instruction. *TESOL Quarterly, 28*(4), 745-769.

Nelson, G. L., & Murphy, J. M. (1992). An L2 writing group: Task and social dimensions. *Journal of Second Language Writing, 1*(3), 171-193.

Okada, Y. (2006). Using peer-group activities to develop writing skills. *CLaSIC 2006: Process and Process-Orientation in Foreign Language Teaching and Learning, Conference Proceedings*, 662-670.

Okada, Y. (2007). How peer responses affect learners' revisions. *Fifth Malaysia International Conference on Languages, Literatures and Cultures, Conference Proceedings*, 17 pages.

Paulus, T. (1999). The effect of peer and teacher feedback on student writing. *Journal of Second Language Writing, 8*, 265-289.

Villamil, O. S., & de Guerrero, M.C.M. (1996). Peer revision in the L2 classroom: Social-cognitive activities, mediating strategies, and aspects of social behavior. *Journal of Second Language Writing, 5*(1), 51-76.

Zhang, S. (1995). Reexamining the affective advantage of peer feedback in the ESL writing class. *Journal of Second Language Writing, 4*, 209-222.

日本語文献

岡田靖子（2006）「大学授業におけるプロセス・ライティングの取り組み—アンケート調査と内省文の分析を踏まえて」『聖学院大学論叢』*18*(3)，249-263.

資料　ピア・レビューの過程

You are going to work in a group of three.

Exchange your drafts with your classmates in the group.

Read the classmates' drafts carefully and list 5 things you want to know more.

Student 1：(name here)________
Student 2：________

Discuss the 5 things you listed above with the classmates and try to think what should be focused on when the writer revises her draft.

Memo：

Return the drafts to the writers, and submit this sheet to the teacher.

Revise your draft based on what you have discussed with your classmates today.

第6章　英語教育における文学テキストを活かした試み
—和訳と言語タスクに焦点を当てて—

1　はじめに

日常生活における学習者のコミュニケーション能力の育成が外国語教育の主な目標とされて以来，外国語カリキュラムにおける文学テキストの使用は主流から外されつつある．しかし,「感動は強力なきっかけとなり，文学は教師にそのようなきっかけを刺激させてくれる」(Hess, 2006, p. 40) という信念から，文学テキストを授業で使用することに関心を持つ教師もいる．Minkoff (2006) は，10年間ビジネス英語とコミュニケーション技術を指導したのちに，文学テキストを用いることになったきっかけについて,「知的であると同時に刺激なこと」(p. 46) の指導を望んでいたと述べている．

大学で英語授業を担当する教師として，著者は文学テキストを利用した英語授業の指導方法の探究や展開に関心を寄せていた．この章では，大学における英語の講読授業で，日本人学習者が文学テキストをどのように取り組むかについて検証する．とくに英文テキストの和訳使用，外国語を産出するための教室活動，英文テキストの3点について学習者がどのように考えるかについて考察する．まず，文学テキストと言語教育の統合に関する先行研究を概観してから，日本人学習者による文学テキストへの取り組み方についての研究を紹介する．

2 先行研究

文学テキストとは，一般的に小説・詩・戯曲などの書物を指す．最近では文学と言語学習を組み合わせた授業の中で，学習者は文学テキストを用いている（Butler, 2006; Lin, 2006; Hess, 2006; Martin, 2006）．Butler（2006）は南アフリカの大学生を対象として，言語と文学の統合に関する検証を行い，「文学の勉強は，文法・語彙・言語技術全般の向上に寄与するだろう」（p. 24）と示唆している．また，学習者の知識や経験と関連性があり，想像力や感情に訴える文学テキストを選択する必要性についても主張している（Butler, 2006）．

Hess（2006）はアメリカの大学においてESL学習者を対象とし，短編小説を読ませることで学習者の自己認識や洞察を向上させる「パラレル・ライフ・アプローチ（parallel life approach）」の検証を行った．この指導方法は文学テキストと4技能を統合させており，Hessは「言語学習はいつも膨大な反復（練習）が伴うものである」（p. 28）と主張している．さらに，言語学習における単調な反復を避けるためには，リーディングで使用した文章のリスニング・タスクへの利用や，スピーキング・タスクではグループやペアなどの組み合わせの多様化なども考えられ，基本的な情報を保ちながら新しいタスクを導入することの必要性が指摘されている（Hess, 2006）．

Okada（2010, 2011）の研究では日本人大学生を対象とし，英語の講読授業で和訳を用いた文学テキストの活用について検証した．まず，Okada（2010）の研究では外国語専攻群（21名）と非外国語専攻群（18名）を比較し，文学テキストに対する学習態度の違いを検討した．その結果，2群の間には有意な差異は認められなかったが，学習者が和訳を用いて英文テキストに下線を引いているときは，認識能力が向上するだろうと結論づけている．Okada（2011）では，文学テキストと外国語によるアウトプットタスクに関連した議論に焦点を当てている．文学テキストは，外国語によるアウトプットを増やすには有用である一方で，研究に使用された文学テキストが学習者の好奇心や関心を高める効果が認められなかったことから，適切なテキストの選択方法について考慮する必要性が示唆されている．

一般に，文学テキストは母語話者を対象として書かれているため，外国語授業の教科書として使用するのであれば慎重に選択されなければならない (Okada, 2011)．また，文学テキストをカリキュラムに統合するために重要なのは，一般の教科書のようにテーマや言語を統制し，言語技能を育成することを目的とするのではなく，多少難しいかもしれないが学習者にとって内容が興味深い作品をテキストとして取り上げることである (Katz, 2002, p. 157)．授業で読むのにふさわしい文学テキストを選ぶときは，「年齢，性別，社会的な背景，政治的な関心」やその他のカテゴリーを考慮すべきだ (Butler, 2006, p. 24) という主張もある．テキストのテーマは適宜に難解であっても構わないが，使用される言語は複雑であってはならないという意見もある (Carrel, 1984; Jurasek, 1996; Knuston, 1993; Kramsch, 1985)．以上のような見解をふまえると，文学テキストの活用を成功させる秘訣は，学習者が興味・関心を寄せるテキストを教師が選択することだと考えられる．

3　研究課題

文学テキストと外国語学習の統合に関する先行研究から，教材やアンケート項目を新たに作成する必要性がある．本研究では，学習者の外国語のアウトプットを増加させ，文学テキストの作者による作品の意図の理解を促進させるために，和訳や教材が学習者にどのように役立ったかを明確にすることを試みた．そのために，次の3つを研究課題とした．

- テキストの和訳は学習者の外国語学習の妨げになるか．
- 授業で文学テキストを読むためには，どのような活動や指導が必要であるか．
- テキストのテーマや使用言語は学習者の言語レベルを慎重に配慮しているか．

4　調査方法

この研究は，Okada (2011) の英語授業における日本人学習者の研究に基づいているが，本研究で使用されたアンケート項目は，和訳・教室活動・英文テキストの3点を中心としたために一部変更されている．さらに，学習者はテキストの中のテーマと言語の両方を理解することが求められていたため，指導方法も適宜，変更が加えられている．

4.1　調査対象者

本研究では，東京都内の私立大学で2011年度通年授業 (28週間) である英語授業を履修していた2クラス48名を対象者としている．大学のプレイスメントテストによって学生は各クラスに配置された．48名のうち，グループ1 (25名) は1年生で英文学またはスペイン語を専攻としていた．グループ2 (23名) は日本文学・文化史・グローバル市民のうちのいずれかを専攻とする2年生であった．授業は週1回 (90分) が実施され，両クラスとも著者が授業を担当した．

4.2　指導手順

学習者はテキストの和訳を用いて短編小説を読むことを求められた．和訳を使用する目的は，学習者が和訳にかかる時間を最小限にし，言語を学習するための活動に時間を充当できるからである．学習者をテキストのテーマに集中させるために，授業開始時に質問リストが学習者に配布された．

授業の予習として，学習者は短編とその和訳を事前に読んで，バイリンガル・ワークシートに記入してくることが指示された．授業中，教師が学習者によるワークシートの記入を確認した後，学習者は20～30分程度，パートナーと交代でテキストを声に出して読む時間が与えられた．続いて，スタイル，設定，テーマ，登場人物について小グループで話し合った後，クラス全体で結果を報告した．また，英語のアウトプット促進のため，バイリンガル・ワークシートと定義ワークシートが使用された．時々，教師によって文法項目や文化の違いに関する説明が与えられた．授業で各短編小説を読んで，アウトプットの練習を行った後，学習者は「ストーリーでは，登場人物がどのように変化のない人生に耐えていたと思いますか」のような内容に関連した質問が与えられ，小グループで話し合った．

27回目の授業で，初回の授業で配布された質問リストが再度配布された．学習者は質問項目を読み，テキストから学んだことについて小グループで話し合った（10～15分）．次に，学習者は各グループで出された意見をクラスで発表し，続いて，授業の予習・クラス活動・テキストに関するアンケートへの回答が求められた．

4.3　使用教材

この授業では，(1)学習者の外国語によるアウトプットを算出する，(2)文学テキストにおける作者の意図を理解するという指導目的を設定したうえで，以下の教材が使用された．なお，アウトプットを増やす練習に使用したワークシートの作成には静（2009）を参考にした．

4.3.1　バイリンガル・ワークシート

テキストから抜粋された英文がワークシートの右側に並べられている（図6-1参照）．学習者は宿題としてテキストの和訳を読んだ後に，英文に該当する和訳を左側に書くことが求められた．授業ではペアで活動し，1人は英語でテキストを読み，もう1人は和訳を見ながら英語でテキストを繰り返した．また別の方法として，1人は和訳を読み，もう1人はワークシートを見ずにテキスト部分を読んだ．学習者は数分間両方の役割を交代で行い，それから別の方法でワークシートに取り組んだ．

日本語	英語
	The stem was out on the clock.
	He cleared his throat

図 6-1　バイリンガル・ワークシートの例

4.3.2　定義ワークシート

定義ワークシートは単語の別の言い方を練習するために使用された（図6-2 参照）．ワークシートの左側にはテキストに使用された単語がならんでおり，右側にはその定義が英語で示されていた．ペアになり，1 人が単語の定義を読み，もう 1 人がワークシートを見ずにその単語を推測した．また別の方法では，1 人が単語の定義を質問し，もう 1 人がワークシートを見ずに答えた．バイリンガル・ワークシートと同様に，学習者は役割を交代しながら多少の変化を加えた活動を約 30 分，毎授業で行った．

Word	Definition
squeeze	to firmly press from opposite or all sides, typically with the fingers
orderly	a person who works in a hospital and does jobs that do not require special medical training

図 6-2　定義ワークシートの例

4.3.3　作品の作者に関する質問

作者の意図を理解したり，学習者の経験とテキストを結びつけたりするために，質問リストが学期中に 2 回配布された（資料 1 参照）．まず，授業 2 回目でリストが配布され，質問の和訳だけをクラスで行った．さらに，質問リストの内容は授業で読むテキストを理解するために重要であることから，学習者はその内容を気に留めながら授業に臨むよう指示された．授業 27 回目に再度，同じ質問リストが配布され，質問の答えについてグループ，続いてクラス全体で意見を出し合った．

4.4　調査材料

文学テキストの指導方法を探求するために，著者が作成した質問紙（資料2参照）に学習者に回答してもらい，27回目（全28回）の授業で配布した．質問紙は5件法（1=全くそう思わない，2=どちらかといえばそう思わない，3=どちらともいえない，4=どちらかといえばそう思う，5=とてもそう思う）で回答され，15項目から構成されていた．授業準備に対する学習者の態度（5項目），教室における活動内容（6項目），テキスト（4項目）に関する質問が含まれていた．アンケートの下部には自由記述欄が設けられ，フィードバックや改善案など自由に書けるようにした．

4.5　テキスト

レイモンド・カーヴァーの短編集2冊を英語授業のテキストとして選んだ理由について，(1)カーヴァーは著者が好んでいるアメリカ短編小説家のひとりである，(2)カーヴァーの単語の選択や文章構造はシンプルである，(3)カーヴァーの作品のほとんどが短編である（Okada, 2011），(4)日本の作家である村上春樹によってカーヴァーの作品が翻訳されていることがあげられる．

カーヴァーの作品を英語授業で使用することの難しさについてはすでに指摘されているが（Okada, 2011），本研究では指導方法が異なる場合に，学習者のテキストに対する意識は変化するのではないかという理由から，同じ作家による作品が授業で使用された．以上の理由から，著者はカーヴァーの短編集から選んだテキストは以下の2冊である．1冊は，カーヴァーが最初に著した短編集『Will You Please Be Quiet, Please?』（写真6-1）である．もう1冊は，カーヴァーが作家として認められるきっかけになった短編集『What We Talk About When We Talk About Love』（写真6-2）である．前者は1年生，後者は2年生の授業で使用された．

研究者や教育者の間で英語授業における和訳の使用有無について様々な意

写真 6-1 1年生が使用した短篇集．日本語タイトルは「頼むから静かにしてくれ」

写真 6-2 2年生が使用した短篇集．日本語タイトルは「愛について語るときに我々の語ること」

見があるが，本研究では授業準備のためにテキストの和訳を学習者に購入させた．卯城（2011）は「ことリーディングに関しては，『答え』を先に与えてしまっては，指導を放棄しているといわざるを得」（p. 6）ないという理由から和訳の使用を勧めていない．しかし，金谷ほか（2004）や静（2009）は，和訳を効果的に利用できるかどうかはタスクの種類に頼るところが多いという点を主張している．また，金谷ほか（2004）によると，和訳使用の目的は目標言語のインプット・インテイク・アウトプットを増加させることであり，和訳を使用すること自体が主な目的ではない．この見解は静（2009）によっても支持されており，和訳の使用は学習者が和訳をすでに配布されていることから辞書を引く時間をとられなくて済むことから，学習者のテキストの理解を促進させる可能性についての示唆が与えられている．静（2009）は，外国語教師は和訳を読んでいる学習者に対してタスクを与えて，そのタスクから何かを学べるようにすべきであると主張している．このように，すでに出版されている和訳を使用することによって教師による和訳作成の手間を省いて，言語タスクの作成に時間を使うことができる．

4.6　分析方法

この研究では統計的分析を実施するためにSPSS 20.0が使用された．質問紙調査への回答の分析には記述的・推量的統計が用いられた．有意差の指標として推量統計には5%水準が使用された．48名の学習者のうち，アンケート調査で研究課題に関連したコメントや改善点を自由記述欄に記入した学生は10名であった．自由記述欄への回答も本研究の結果を補完するために報告する．

5　結果と考察

表6-1　授業の予習に関する記述統計量（N = 48）

	項目	M	SD
1	英文テキストを読んだ．	3.81	1.05
2	和訳を読んだ．	4.35	0.89
3	和訳は英文テキストの内容理解に役立った．	4.52	0.88
4	対訳シートは英文テキストの特定部分の内容理解や暗記に役立った．	4.25	1.06
5	辞書を使用した．	4.13	1.14

表6-1は授業の予習に関する平均値と標準偏差を示している．この結果から，(1)学習者は教材を利用している，(2)教材を利用することでテキストの理解や英語のチャンクの暗記を促進していることが示唆された．和訳とバイリンガル・ワークシートが役立った程度について検討するために，対応のないt検定を行い，項目3（M = 4.52）と項目4（M = 4.25）の平均値が中点（3：

どちらでもない）から有意に離れているかを検討した．t 検定の結果，和訳において有意差が認められた（$t(47) = 12.04, p < .001$）．また，バイリンガル・ワークシートについて有意差が認められた（$t(47) = 8.16, p < .001$）．和訳とバイリンガル・ワークシートのどちらも学習者がテキストを理解するのに有用であることが示された．さらに，対応のない t 検定を実施したところ，バイリンガル・ワークシートより和訳のほうが学習者にとって有用であることが明らかになった（$t(47) = 2.37, p < .05$）．

テキスト・和訳・辞書の使用頻度を探求するために，1 要因の反復測定分散分析が行われた（項目 1, 2, 5）．その結果，テキストと和訳の間には有意差が認められた（$F(2, 46) = 5.91, p < .01$）．この結果から学習者の多くがテキストより和訳を読んでいたため，和訳に頼る傾向が示唆された．この結果は，学習者がテキストの和訳を読むことによって内容理解を深め，単語の暗記力を高めるために役立つことを示している．学習者はテキストの和訳を見てワークシートに記入するように指示されており，タスクを完成させるにはテキストを丁寧に読む必要があった．学習者の 1 人は，バイリンガル・ワークシートはテキスト内容を理解するのにとても役立ったとコメントを寄せていた．

本研究では，学習者は和訳を使いながら通年にわたって短編集から 10 篇を読むことになっており，仮に和訳がなかったら，授業では和訳に時間をかけることになっていたと考えられる．そのため，和訳は外国語の習得の邪魔になるのではなく，とくに文章レベルやパラグラフレベルで理解に苦しんでいるときには，学習者の母語と外国語のギャップを埋めることができるのではないか．文学テキストを読む場合，学習者によるテキストの内容理解を高めるだけでなく，コミュニカティブなインタラクションにつなげられるタスクを使用することが必要だろう．

表 6-2 は，文学テキストを使用した教室活動に対する平均値と標準偏差を示す．項目 6 から項目 10 は学習者が取り組んだ活動についての質問であり，

表 6-2　教室における活動に関する記述統計量（N = 48）

	項目	M	SD
6	ペア音読の時間は十分に与えられていた.	4.31	0.97
7	ペア音読は，内容を理解するのに役立った.	3.48	1.35
8	ペア音読は，単語の発音を確認するのに役立った.	3.98	1.06
9	ペア音読は，音声面から文体の特徴を理解するのに役立った.	3.52	1.13
10	ペア練習（単語と定義）は特定の語彙の意味を理解するのに役立った.	4.00	1.05
11	特定の単語や表現に関する解説は言語理解に役立った.	4.40	0.82

項目 11 は授業中の教師による言語の説明に関する質問である．ペア音読については，項目 6（M = 4.31）の平均値が他の項目より高かった．そこで，対応のない t 検定を行って中点から有意に離れているか検討したところ，ペア音読の時間は充分与えられていることが明らかになった（$t(47)$ = 9.37, p< .001）.

さらに，ペア音読時間（項目 6）とペア音読に関連した変数（項目 7〜9）の関係を調べるために信頼性係数を計算した．その結果，項目 6 と項目 8 の間に正の相関関係が認められた（r =.46, p < .01）．この結果は，学習者により多くの時間が与えられていたならば，単語の発音を確認することが可能であったことから，ペア音読が学習者にとって役立つことを示している．学習者にとって音読がどのように役立ったかを検討するために，ペア音読に関連した変数の平均値（項目 7〜9）を比較した．1 要因の反復測定分散分析を行った結果，パートナーとの音読は，音声面からテキスト内容（項目 7）やテキストの文体（項目 9）を理解することより，テキストに出現した単語の発音を確認するのに役立ったことが示された（M = 3.98）（F(2, 94) = 5.79, p < .01）．ペア音読（M = 3.48）と教師による説明（M = 4.40）の平均値を比較したところ，教師による言語についての説明がテキストの内容を理解するうえで最も役立つことが示された（$t(47)$ = 4.76, p < .001）.

本研究の結果，学習者にとってテキストの背景を無理なく理解するためには教師による説明が不可欠であることが示された．学習者（1 名）は，教師による単語や発音に関する説明を期待していたと述べていることから，教師による説明が充分でなかった可能性が考えられる．ほとんどの学習者にとって，文学テキストを読むことはより大きな努力を必要とする．その理由の1つとして，学生の多くはテキストに描写されている文化をまだ体験したことがないということであり，もう1つは文学テキストを読む際に，英語母語話者のために書かれている内容を理解しなければならないということである．つまり，語学教師はテキストで使用された言語だけでなく，ストーリーの文化的背景についても説明する必要があるだろう．学習者は，教師の説明を通してテキストにある言語と文化的背景の両方の知識を深めることが可能になるからである．

またペア音読に使う時間については，学生によって感じ方が異なることがわかった．学生の自由記述回答では，授業以外でテキストを音読しないためにペア音読の時間がもっと欲しかったというコメントもあった．一方で，時間をたくさん使いすぎたために飽きてしまったと述べている学生もいた．Hess (2006) が指摘するように，パートナーとの音読は単調で反復的な活動であることから，タスクに変化をつけながら活動に取り組ませることが重要だと言える．

学習者にとって単語の言い換え練習は単純なタスクであるかもしれない．しかし，定義シートを使いながらこのように練習することが学習者にとって有益であることがわかった．学習者にとって，このような簡単な言い換え練習は退屈であるかもしれないが，実生活において予期せずに外国語を使用する機会が訪れることもあるだろう．そのような状況を想定しながら授業をする場合，単語の言い換え練習はコミュニケーションを円滑に行うために効果的で有益な手段であると考えられる．

表6-3はテキストに関する平均値と標準偏差を示している．対応のない t 検定を実施し，項目12 (M = 3.48)，項目13 (M = 3.31)，項目14 (M = 3.92)，項目15 (M = 3.88) と中点 (3) をそれぞれ比較したところ，すべての項目に

表 6-3　テキストに関する記述統計量（$N = 48$）

	項目	M	SD
12	分かりやすい単語が使われていた.	3.48	1.03
13	分かりやすい表現や語句が使われていた.	3.31	0.90
14	英文テキストを読んで作者が伝えようとしていることを理解しようとした.	3.92	0.90
15	英文テキストを読んで異文化（考え方や習慣の違い）を感じることができた.	3.88	1.04

おいて有意差が認められた．とくに項目 14（$t(47) = 7.09, p < .001$）と項目 15（$t(47) = 5.81, p < .001$）で有意差が認められたことから，学習者が英文テキストに対して前向きに取り組んでいたことが示唆される．

授業で文学テキストを使用することによって，学習者に日本とは異なる文化を示し，作品の中に込められた作者の意図を理解する機会を与えることが可能である．にもかかわらず，学習者は使用されていた語句や表現が難しかったとあるが，これはテキストが外国語学習者ではなく，英語母語話者を対象にして書かれていたためである．テキストへの関心が薄れてきて，次第に予習をしなくなったというコメントも自由記述に見られた．また，初めは読者に対して何を伝えたいのか分からなかったが，徐々にテキストから何かを学んでいると感じるようになったという学習者（2 名）もいる．また別の学生は，自分の文化では経験したことのない文化を描写しているから，テキストを読むのが楽しかったとコメントしている．本研究の研究課題には，異文化理解の重要性については含まれていない，今後の研究課題として学習者が文学テキストを読む際に，文化をどのように定義するかという点について検討することは意義のあることかもしれない．

文学テキストのテーマは学習者にとって適切だったかもしれないが，テキストで使用された表現や語句が学習者の英語レベルより高かった可能性も考えられる．英語の授業で文学テキストを使用して，カーヴァーの作品を楽しかったと回答した学生によると，授業ではもう少し容易な文学テキストを読むのが良いかもしれないとコメントしている．本研究では，作品に対する作者の意図を理解するために質問リストを事前に配布したが，これは学習者が授業に参加している間，テキストのテーマに対する関心を継続させる効果があったかもしれない．

6　おわりに

本研究では，英語の講読授業における文学テキストに対する学習者の取り組み方を検証した．外国語学習を促進するために学習者がタスクを与えられた場合，授業の予習として英文テキストの和訳を効率的に活用できることが示された．文学テキストと言語を統合することは語学教師にとって必ずしも難しいことではない．教師は学習者がお互いにコミュニカティブに取り組めるタスクを用意する必要があり，また学習者は文学テキストで読んだことを実際のコミュニケーションの中で応用することが可能となる．

レイモンド・カーヴァーによる短編集が講読授業で使用された理由については本章ですでに述べたが，Okada (2011) の研究における対象者と比較した場合，本研究の学習者は英文テキストに対する関心が高かったが，これは教室における活動や指導の焦点を作品に対する作者の意図とした結果だと考えられる．学習者の英語能力の不足やテキストとは関連の薄いテーマなどの不利益な考えを取り除くためには，外国語学習において多様な指導方法を組み合わせることが効果的であると思われる．

文学テキストに対する学習者の好みは人それぞれであるため，語学教師がすべての学習者の要求を充たすような文学テキストを選ぶことは不可能である．授業で文学テキストを使用することの重要な目的は，学習者が心に残るテキストを探し出し，のちの人生においてそれを思い出すことだろう．今後は，コミュニカティブなタスクにおける文学テキストの役割をさらに検討し，日本人学習者の英語力向上を目指したいと考える．

英語文献

Butler, I. (2006). A brighter future? Integrating language and literature for first-year university students. In A. Paran (Ed.), *Literature in Language Teaching and Learning* (pp. 11-25). Alexandria, VA: Teacher of English to Speakers of Other Languages, Inc.

Carrell, P. L. (1984). Schema theory and ESL reading: Classroom implications and applications. *Modern Language Journal, 68*, 332-343.

Carver, R. (1976). *Will you please be quiet, please?* London: Vintage.

Carver, R. (1981). *What we talk about when we talk about love*. London: Vintage.

Hess, N. (2006). The short story: Integrating language skills through the parallel life approach. In A. Paran (Ed.), *Literature in Language Teaching and Learning* (pp. 27-43). Alexandria, VA: Teacher of English to Speakers of Other Languages, Inc.

Jurasek, R. (1996). Intermediate-level foreign language curricula: An assessment and a new agenda. *ADFL Bulletin, 27*, 18-27.

Katz, S. (2002). Teaching literary texts at the intermediate level: A structured input approach. In V. M. Scott & H. Tucker (Eds.), *SLA and the literature classroom: Fostering dialogues* (pp. 155-171). Boston: Heinle & Heinle.

Knutson, E. M. (1993). Teaching whole texts: Literature and foreign language reading instruction. *French Review, 67*, 12-26.

Kramsch, C. (1985). Literary texts in the classroom: A Discourse. *Modern Language Journal, 69*, 356-366.

Lin, B. (2006). Exploring the literary text through grammar and the (re-) integration of literature and language teaching. In A. Paran (Ed.), *Literature in Language Teaching and Learning* (pp. 101-116). Alexandria, VA: Teacher of English to Speakers of Other Languages, Inc.

Martin, I. (2006). Terms of integration: Educating primary EFL teacher learners. In A. Paran (Ed.), *Literature in Language Teaching and Learning* (pp. 87-100). Alexandria, VA: Teacher of English to Speakers of Other Languages, Inc.

Minkoff, P. (2006). Talking it over in class. In A. Paran (Ed.), *Literature in Language Teaching and Learning* (pp. 45-57). Alexandria, VA: Teacher of English to Speakers of Other Languages, Inc.

Okada, Y. (2010). Reading non-academic texts in the EFL classroom. *The Nihon*

University College of economics Research Bulletin, 65, 85-97.

Okada, Y. (2011). Integrating literary texts with output activities. *Studies in Language Education, 3*, 13-30.

Paran, A. (Ed.) (2006). *Literature in Language Teaching and Learning.* Alexandria, VA: Teacher of English to Speakers of Other Languages, Inc.

Scott, V. M., & Tucker, H. (Eds.) (2002). *SLA and the literature classroom: Fostering dialogues.* Boston: Heinle & Heinle.

日本語文献

卯城祐司（2011）.『英語で英語を読む授業』研究社

金谷憲・高知県高校授業研究プロジェクトチーム（2004）.『和訳先渡し授業の試み』三省堂

静哲人（2009）.『英語授業の心・技・体』研究社

村上春樹（2006）.『愛について語るときに我々の語ること』中央公論新社

村上春樹（2006）.『頼むから静かにしてくれ I』中央公論新社

資料1　質問リスト

1. Is there value in living an ordinary life?
2. How do we live day-to-day when nothing really special happens in our lives?
3. What if life is just a series of events that don't really add up to significant meaning?
4. Are ordinary people lovable?
5. Should people maintain an optimism about life/and how do they do this if life is boring and mundane?
6. How do people endure the monotony of daily life?
7. How do people feel good about themselves if they never achieve success, but instead simply remain at an average level throughout life/are their lives worth living?（R. Curry, personal communication, March 11, 2011）

資料2　文学を使った講読授業に関するアンケート

		そう思わない	どちらかといえばそう思わない	どちらともいえない	どちらかといえばそう思う	そう思う
予習						
1	英文テキストを読んだ					
2	和訳を読んだ					
3	和訳は英文テキストの内容理解に役立った					
4	対訳シートは英文テキストの特定部分の内容理解や暗記に役立った					
5	辞書を使用した					
授業活動						
6	ペア音読の時間は十分に与えられていた					
7	ペア音読は，内容を理解するのに役立った					
8	ペア音読は，単語の発音を確認するのに役立った					
9	ペア音読は，音声面から文体の特徴を理解するのに役立った					
10	ペア練習（単語と定義）は特定の語彙の意味を理解するのに役立った					
11	特定の単語や表現に関する解説は言語理解に役立った					
英文テキスト						
12	分かりやすい単語が使われていた					
13	分かりやすい表現や語句が使われていた					
14	英文テキストを読んで作者が伝えようとしていることを理解しようとした					
15	英文テキストを読んで異文化（考え方や習慣の違い）を感じることができた					

第７章　自己評価・ピア評価からみた学習者の ビデオ映像活用の効果

1　はじめに[16)]

本章では，外国語教育における学習者自身のビデオ映像活用の有用性を検討する．昨今の急速なデジタル機器の発達により，教師自身がパソコンや電子黒板などの教育機器を操作する環境が整いつつある．デジタル機器の１つであるビデオカメラは以前より軽量・小型化され，撮影された映像をビデオテープではなくメモリーカードに保存できるため，パソコンなどでその映像を視聴することが容易になった．教育現場では教員養成プログラムの一環としてビデオ映像が活用されており，実際の授業や模擬授業の様子を撮影し，授業実践者と分析者がその映像を視聴・分析することで教師の指導力向上につながると考えられている．外国語教育でも同様に，教師による学習者のパフォーマンス映像を分析することが視覚的・聴覚的な言語学習プロセスの観察が可能であるため，効果的な教育方法の１つとみなされる．社会における情報伝達の変化に伴い，この章では大学英語教育におけるビデオ映像の活用が学習者にもたらす効果について言及する．

16) 謝辞　本研究をまとめるにあたり，東京大学大学院博士課程の澤海崇文氏から様々なご教示を賜わりました．この場を借りて，感謝の意を表します．

2　先行研究

2.1　外国語教育におけるビデオ映像の活用

外国語教育における学習者のビデオ映像の活用は，学習者の言語能力や批判的思考力を向上させる効果があると期待されている．たとえば，学習者のパフォーマンスのリハーサルをビデオ撮影し，それを視聴することによってリハーサルに対する緊張感を高める効果（Shrosbree, 2008）や，学習者の発音分析，自己評価・ピア評価や教師からのフィードバックの併用による有用性（McNulty & Lazarevic, 2012）も指摘されている．日本人の英語学習者を対象とした研究（Okada, 2013）では，学習者自身のビデオ映像を活用した授業で自由記述式のアンケート調査を実施した結果，ビデオ映像の活用は学習者に客観的な自己分析のきっかけを与えることがわかった．また，ビデオ映像の視聴を否定的にとらえていた学習者も，実際に視聴することによって自らの欠点や短所を探し出せたことから，次第にビデオ映像の視聴を前向きに考えるようになった．このように，他の学習者や自身に対する批判的な思考力を発達させるためには，学習者のパフォーマンスを撮影し，その映像を視聴させることは実用的な教育方法の1つだと考えられる．

2.2　自己評価とピア評価

本章では，自己評価とピア評価を用いて量的研究とテキストマイニングで英語教育における学習者のビデオ映像活用の有用性について検討する．自己評価には自らの学習プロセスを監視し，将来の目標を見据え，新しい知識を構築する働きがある（Aeginitou, Nteliou, & Vlahoyanni, 2010）．ピア評価については，長所や短所をめぐって多くの議論がなされている．たとえば，教師による評価との関連性（Orsmond, Merry, & Reiling, 2000）や評価者としての責任感の育成(Sivan, 2000)などの特徴があげられる一方で，評価者としてのトレーニングの必要性（Saito, 2008; Topping, 1998; Peng, 2009），他の学習者に対する甘い評価（Falchikov, 1995; Guo, 2013; Peng, 2009）などが指摘されている．さらに，プレゼンテーションなどにピア評価を取り入れた場合，発表者に対してフィードバックを与える必要性が生じることから，学習者の積極的な参加を引き出す可能性が指摘されている（Falchikov, 2005）．

2.3　大学におけるビデオ映像活用の意義

大学の英語教育にピア評価を導入してビデオ映像を活用することは，学習者の英語力やプレゼンテーション能力を高める可能性があると言える．なぜなら，自らのビデオ映像を振り返ることで今後の改善につながる可能性があるからである．しかし，質的・量的な方法を用いて日本人英語学習者のビデオ映像活用の効果を検証した研究は，これまであまり行われていない．

2.4　研究目的

大学の英語教育において学生のパフォーマンスを向上させるためにビデオ映像を利用し，その効果を検証することが本研究の目的である．

3　調査方法

3.1　調査対象者と授業形態

東京都内の大学で経済学を専攻している1年生2グループの学生が，2013年度前期に必修科目である英語コミュニケーションの授業の一環として研究に参加した．ビデオあり群は17名（男性13名，女性4名），ビデオなし群は22名（男性18名，女性4名）であり，両群の授業は著者が担当した．学生は入学すると同時にTOEIC（Test of English for International Communication）Bridge

テストを受験し，この成績によってクラスが編成された[17]．学生の平均スコアは，129 点（ビデオあり群）と 120 点（ビデオなし群）であり，t 検定を行ったところ，両群の英語力は差異がないとみなされた（$t(36) = 1.69, p > .05$）．両群とも教科書に加え，スピーチの指導が行われた．90 分の授業を週 2 回，全 28 回実施した．各授業での配分は，教科書を使用した内容に約 60～75 分，スピーチに関連した指導を 15～30 分とした．

3.2 指導手順

まず，2 回目から 19 回目の授業で母音と子音の発音と発音記号の関係を確認させ，CD を使って目標音の発音を聞かせた後，復誦させた（各 15 分）．20 回目の授業では 6～7 人のグループを作り，各グループで簡単な自己紹介をさせながら，姿勢，アイコンタクト，発声の練習を行わせた（約 30 分）．21 回目と 22 回目では，英語の強弱リズムやイントネーションを身につけるために CD を聞かせた後ペアで練習させた（各 30 分）．続いて内容語や機能語について説明した後，各学生のスピーチ原稿を使い，強く発音する単語にしるしを付けさせた．スピーチ原稿は，見本を提示してから 200 単語前後で自分の将来の夢について書かせた．13 回目（90 分）で，内容に関するピア・レビューを実施し，3～4 人のグループでお互いの原稿を交換し，コメントを出し合った．書直された原稿は教師による内容に関するコメントとともに返却された．書直された原稿を使い 20 回目（90 分）で文法に関するピア・レビューを行い，再び原稿が書直された．教師による文法の添削は行われなかった．

3.3 実験群（ビデオあり群）と統制群（ビデオなし群）による評価方法

23 回目と 24 回目（計 180 分）の授業では，両群のリハーサルを実施した．ビデオあり群は，23 回目で全員のリハーサルが撮影された．三脚に固定させ

17）ビデオなし群の未受験者 1 名を除いて平均値が算出された．

たデジタルビデオカメラを用いて，学生全員のリハーサルが連続して撮影された．リハーサル中は聞き手である学生に対してタスクは与えず，聞くことに集中させた．24回目の授業では，撮影に使用されたカメラを教室に常時設置されているデジタルテレビに接続し，学生はリハーサルの映像を視聴しながら自己評価とピア評価を実施した．両評価とも発表者が終わるごとに一時停止をし，学生に2〜3分間与え，評価シートへの記入を求めた．

ビデオなし群は，23回目と24回目の授業でビデオカメラは使用せずにリハーサルを実施した．学生を半分ずつに分け，前半の学生は23回目，後半は24回目にリハーサルを行った．リハーサル中は聞き手である学生はピア評価を行った．自己評価は各自のリハーサルを振り返りながら評価シートに記入させた．ピア評価は両群ともすべての学生に対して実施された．

3.4　評価シート

自己評価・ピア評価で使用された項目は，Yamashiro & Johnson（1997）を参考に作成された．本研究では，(1)声の大きさ，(2)話すスピード，(3)イントネーション，(4)話し方，(5)姿勢，(6)手足の位置，(7)アイコンタクト，(8)顔の表情，(9)導入，(10)本文，(11)結論，(12)トピック，(13)言語使用，(14)語彙の14項目に関する評価を求めた．6件法（1=全くそう思わない，6=とてもそう思う）で得点を記入させた．さらに，得点を選択した理由[18]や全体的なコメントも自由に記入できるよう欄を設けた．また学生が評価をする際の参考とするために，各項目の評価ポイント（例: 姿勢の場合，「背筋はまっすぐ伸ばす」）を示した．

3.5　自由記述式質問紙

24回目の授業では学習者による評価プロセスについての自由記述質問紙

18）未記入が多かったため，本研究では分析を行わなかった．

調査を実施し，質問紙には以下の３項目を設けた．まず，ビデオあり群に対しては，(1)ビデオ映像を見ながら学生のリハーサルを評価することについての回答を求めた．ビデオなし群に対しては (1)実際のリハーサルを見ながら評価すること関するコメントを書くように指示した．次に，両群に対して，(2)評価が高かった項目とその理由，(3)評価が低かった項目とその理由についてピア評価を分析しながら記入するよう指示した．

3.6　分析方法

本研究では，自己評価とピア評価の得点は IBM SPSS Statistics 20.0 を用いて量的に分析した．自由記述質問紙の回答部分は文字データを客観的に数量化し，大量データから関係を可視化するために，(株) NTT データ数理システムの Text Mining Studio 4.2 を用いてテキストマイニング分析を実施した．

4　結果

4.1　ビデオあり群とビデオなし群の比較

自己評価とピア評価の結果を分析するにあたり，評価シートで使用された 14 項目から「音声コントロール」(項目 1～4),「ボディランゲージ」(項目 5～8),「内容」(項目 9～11),「有効性」(項目 12～14) という 4 つの下位尺度を作成した．内的信頼性を示すクロンバックの α 係数は .753～.938 (自己評価) と .826～.991 (ピア評価) であり，十分な信頼性が確認された．自己評価[19]とピア評価の記述統計量を表 7-1 と表 7-2 に示した．自己評価では,「内容」においてビデオあり群の平均値が有意に高かったが，他の 3 つの下位尺度には有

19) 自己評価では各尺度で未記入項目が 1 つでもある場合，その学習者の尺度得点は算出しなかった．

表 7-1　自己評価の記述統計量

	ビデオあり群			ビデオなし群			
	n	*M*	*SD*	*n*	*M*	*SD*	*t* 値
音声コントロール	16	3.59	0.75	21	3.70	0.85	0.41
ボディランゲージ	15	3.83	0.89	20	3.65	1.03	0.55
内容	16	4.00	1.61	18	3.22	0.99	2.11*
有効性	16	3.75	0.91	18	3.19	1.32	1.43

*$p < .05$

表 7-2　ピア評価の記述統計量

	ビデオあり群 (*n* = 17)		ビデオなし群 (*n* = 22)		
	M	*SD*	*M*	*SD*	*t* 値
音声コントロール	5.03	0.35	4.85	0.36	1.52
ボディランゲージ	5.12	0.25	4.82	0.40	2.68*
内容	5.42	0.22	4.44	0.83	4.72***
有効性	5.32	0.17	4.38	0.86	4.41***

*$p < .05$，***$p < .001$

意差がみられなかった．ピア評価では，「音声コントロール」には両群間に有意差がなかったが，「ボディランゲージ」，「内容」および「有効性」の3つの下位尺度にいずれもビデオあり群の平均値が有意に高かった．

4.2　評価プロセスに関する質問紙回答の分析

設問1から設問3の回答に使用された単語の出現回数をカウントし，単語頻度を分析した．ビデオの有無による評価プロセス（設問1）に関する回答では，出現回数が多い上位10単語は「アイコンタクト」（14回），「表情」（13回），「顔」「イントネーション」（各8回），「姿勢」「上」（各7回），「緊張」「話す」（各6回），「スピード」「見る」（各5回）であった．この結果，頻度の高い語句は「アイコンタクト」「表情」「顔」という順であり，ビデオ映像の視聴有無にかかわらず，両群による自己評価やピア評価では発表者の顔に注目していることが示された．

また，両群のそれぞれに特徴的に現れる単語を抽出するために，補完類似度を指標とした特徴語分析を行ったところ，ビデオあり群では「自分」(10/13)[20]，「客観的」(3/3)，「大変」(4/6)，「ビデオ」「良い」(各 3/4)，「悪い」「他人」「分かる」「立つ」(各 2/2) という単語が特徴的であった．一方，ビデオなし群では「聞く」(5/5)，「内容」(6/7)，「評価」(11/17)，「書く」(4/4)，「アイコンタクト」(5/7)，「わかる」「確認」「向く」「多い」「頭」「話」(各 2/2)，「集中」(4/6) が特徴語として出現した．ビデオあり群で出現が多かった「自分」や「客観的」という単語は「自分を客観的に見ることができるので，悪いところにすぐ気づける点はいいと思う」のように，ビデオ映像が自己評価をする際に学習者にとって有用であることがわかった．

次に，両群において他の学習者からの高い評価が付いた項目と理由 (設問 2) では，出現した単語の上位 10 単語は「声」(24 回)，「大きい」(24 回)，「姿勢」(16 回)，「スピード」(10 回)，「話す」(7 回)，「話し方」(6 回)，「高い」「聞き取る」(各 5 回)，「位置」(4 回) の順であった．さらに，特徴語分析をしたところ，ビデオあり群の特徴語は，「位置」(4/4)，「アイコンタクト」「評価」(各 3/3)，「話す」(5/7)，「イントネーション」「姿勢評価」「手」「手足」(各 2/2)，「話し方」(4/6) であり，ビデオなし群では，「声」「大きい」(各 13/24)，「スピード」(6/10)，「わかる」「言う」「伝える」(各 2/2)，「姿勢」(8/16)，「トピック」(2/3) などが出現した．ビデオあり群では視覚的情報に関する単語が出現している一方で，ビデオなし群では聴覚的情報に関連した単語が多く，これらの項目に対して高い評価を付けやすいことが示された．

最後に，両群において他の学習者からの低い評価が付いた項目とその理由 (設問 3) について，出現した上位 8 単語は「アイコンタクト」(14 回)，「表情」(13 回)，「イントネーション」「顔」(各 8 回)，「姿勢」「上」(各 7 回)，「緊張」

---

20) この群に出現した回数が 10 回，2 群全体の頻度が 13 回であったことを表記している．以下も同じ．

「話す」（各6回）という順であった．両群の低い評価に出現した特徴語の分析をしたところ，ビデオあり群では，「イントネーション」（7/8），「声」（5/5），「大きい」（4/4），「スピーチ」「向く」（各3/3），「多い」「低い」（各4/5），「上」（5/7）が出現し，ビデオなし群では，「言う」（5/5）「見る」（4/5）「まとめる」「覚える」（各3/3）「最後」（3/4）「アイコンタクト」（7/14）「動く」「内容」（各2/2）が特徴語として出現した．この結果，ビデオあり群では聴覚的な情報に対する項目に対する評価が低いことが示された．

5　考察

5.1　量的データ分析の結果

学習者によるビデオ映像活用の効果を検証するため，ビデオあり群とビデオなし群の自己評価とピア評価の平均値を検討した．その結果，自己評価では「内容」，ピア評価では「ボディランゲージ」「内容」「有効性」に対するビデオあり群の評価がビデオなし群を上回る結果となった．これはピア・レビューを実施し，数回にわたって原稿を書直したことで内容が理解しやすいものになった，もしくは学習者がリハーサルとビデオ映像によって同じパフォーマンスを2回視聴する機会があったことで，スピーチ内容に対する理解が深まった可能性が考えられる．また，「ボディランゲージ」については，ビデオ映像の使用によって視覚的な情報が明確に伝わった結果，他の学習者による高い評価が得られたのではないかと思われる．

5.2　テキストマイニング分析の結果

ビデオ映像を使った評価プロセスを検討するために，自由記述部分回答のテキストマイニング分析を実施した．その結果，設問1ではビデオあり群は「自分」や「客観的」という単語の出現頻度が高いことから，学習者が感じていたこととビデオ映像で視聴したことの隔たりを見つけだし，自己に対する批判的思考，いわゆる反省性を促したという解釈が考えられる．道田（2013）が「他人は，自分の常識や考えが１つの見方に過ぎないことを気づかせてくれ，思考停止を阻止してくれる」（p. 11）と指摘しているように，ビデオ映像の視聴とピア評価の併用は気づきの効果を高めると考えられる．設問２と設問３の結果から，ビデオ視聴の方法の留意点が明らかになった．ビデオなし群は聴覚的情報に対して高い評価をつける一方で，ビデオあり群は視覚的情報に対しては高く，聴覚的情報には低く評価をつけていた．本研究では教室に常時設置されている薄型テレビを使用したが，一般的に，薄型テレビは構造上の制約から本体内蔵スピーカーの大きさが不十分だとも指摘されており，今回の場合もビデオの音声が適切に再現できなかった可能性があるかもしれない．したがって，今後はスピーカーやプロジェクターなどの機材があらかじめ設置されている教室を利用することで，学習者による音声と映像の理解力を高める努力が求められる．

5.3　本研究の理論的意義

本研究の理論的意義は，ビデオ撮影だけでなくその映像視聴の重要性にある．McNulty and Lararevic（2012）は，ビデオ映像の視聴が学習者の発音やプレゼンテーションの練習の増加につながると指摘している．本研究ではビデオ映像の活用で批判的思考力の育成に結び付け，学習者を中心とした学びの環境を作ることが示唆された．これはビデオ映像を視聴するだけでは受身の活動になるが，自己評価やピア評価を加えることにより，学習者が学びに対して積極的な態度を持つようになるからだと考えられる．また，Shrosbree（2008）が学習者のビデオ撮影の効果について論じているが，本研究の結果ではビデオ撮影だけでなく，ビデオ映像を活用することも学習者にとって重要であることが示された．

5.4　本研究の教育的意義

ビデオ映像活用の意義は，学習者による客観的な判断力を向上させることにある．批判的に考えるということについて，「自分の考えと切り離して情報の骨組みをきちんと捉え，それに基づいて客観的にする，ということが苦手」（道田，2013，p. 11）だと指摘されている．本研究の結果から，学習者自身のビデオ映像を授業で活用することが客観的にパフォーマンスを判断する能力の向上につながったと考えられる．両群ともリハーサルを視聴し，評価をするという点では同じであった．しかし，ビデオなし群には学習者が評価者であると同時に発表者でもあるという心理的な負担，ビデオあり群には評価者として専念すればいいという心理的な余裕が生まれたのではないかと考えられる．評価プロセスについての設問に対して，「中学・高校でも他人の評価の授業はあったけど，自分の発表が気になって集中できなかった．だけど，この方法だと落ち着いて評価できるのでよかった」と言及されているように，学習者の心理的負担の軽減により自らのビデオ映像を第三者的視点から観察できるだけでなく，他の学習者への評価も余裕を持って取り組めたのではないかと思われる．しかし，この点については今後，調査対象者に対する質問紙やインタビュー調査などの質的データを詳細に分析して明らかにする必要があるだろう．

5.5　本研究の限界と課題

本研究では，英語力の等質なビデオあり群とビデオなし群をそれぞれ実験群と統制群として事後テスト，つまり自己評価とピア評価の平均値を検討した．本研究は授業の一環として実施され，クラス編成時に事前の英語力の等質性が確認できていたとはいえ，教育介入の前に実験群と統制群の事前テストを実施していれば，より両群の等質性が確証できたことであった．今後は，事前・事後のテストの比較という研究デザインにより，教育現場におけるビデオ映像の効果的な活用方法を検討しなければならないだろう．

6　おわりに

本研究では自己評価やピア評価を使って，教育現場における学習者自身のビデオ映像活用の有効性を検討した．学習者自身がテレビ画面に映し出された自分のビデオ映像を視聴し，視覚的・聴覚的な情報を的確に捉えることによって，学習者のパフォーマンスに対する気づきを高め，さらに，他の学習者のパフォーマンスをビデオで再び視聴することによって，他人に対する客観的な判断力の育成につながると思われる．外国語教育の一環としてビデオ映像を継続的に活用した学習プロセスは，学習者のプレゼンテーション能力や言語能力を高めるためには実用的な教育手段の１つである．教育現場で学習者のパフォーマンスをビデオで撮影し，他の学習者と共に視聴することは，自ら撮影した動画を動画共有サービスにアップロードし，他人とシェアすることを楽しむ現代の学習者にとって，抵抗感というより達成感に近いものを得られるのではないかと推測できる．本研究ではいくつかの課題を残したものの，今後は学習者自身のビデオ映像の活用を取り入れた研究を量的および質的な観点から進めていく必要がある．

英語文献

Aeginitou, V., Nteliou, E., & Vlahoyanni, N. (2010). Reflections in the mirror: The contribution of self and peer assessment in the teaching of speaking skills. *Advances in Research on Language Acquisition and Teaching: Selected Papers*. 149-163.

Falchikov, N. (2005). *Improving assessment through student involvement.* New York: RoutledgeFalmer.

Falchikov, N. (1995). Peer feedback marking: Developing peer assessment. *Innovations in Education and Training International, 32*(2), 175-187.

Guo, R. X. (2013). The use of video recordings as an effective tool to improve presentation skills. *Polyglossia, 24*, 92-101.

McNulty, A., & Lazarevic, B. (2012). Best practices in using video technology to promote second language acquisition, *Teaching English with Technology, 12*(3), 49-61. Retrieved from tewtjournal database 2012.

Okada, Y. (2013). EFL learners' positive perceptions with regard to reviewing their classroom performance. *Proceedings of the 18th Pan-Pacific Association of Applied Linguistics Conference*. 2 pages.

Orsmond, P., Merry, S., & Reiling, K. (2000). The use of student derived marking criteria in peer and self-assessment. *Assessment and Evaluation in Higher Education, 25*(3), 23-38.

Peng, J. F. (2009). *Peer assessment of oral presentation in an EFL context.* (Doctoral *dissertation*). Retrieved from Dissertation Abstracts International. (3380148)

Saito, H. (2008). EFL classroom peer assessment: Training effects on rating and commenting. *Language Testing, 25*(4), 553-581.

Shrosbree, M. (2008). Digital video in the language classroom. *The JALT CALL Journal, 4*(1), 75-84.

Sivan, A. (2000). The implementation of peer assessment: An action research approach. *Assessment in Education: Principles, Policy & Practice, 7*(2), 193-213.

Topping, K. (1998). Peer assessment between students in colleges and universities. *Review of Educational Research, 68*(3), 249-276.

Yamashiro D. A., & Johnson, J. (1997). Public speaking in EFL: Elements for course design. *The Language Teacher, 21*(4), 13-17.

日本語文献

道田泰司（2013).「三つの問いから批判的思考力育成について考える」『心理学ワールド』*61*, 9-12.

第8章　オーラルプレゼンテーションにおける サンプルビデオ観察の効果

1　はじめに

本章では，学習者のオーラルプレゼンテーション技術を向上させるために，英語力の異なる日本人大学生による社会的モデリング学習の効果を論ずる．外国語学習者にとって自分自身のパフォーマンスを振り返り，その長所や短所を理解することは重要なことである．学習者の長所は生かされ，短所は今後のプレゼンテーションのために改善される．最近のビデオ技術の発達により，教師はデジタルビデオカメラを使って学習者のパフォーマンスを容易かつ鮮明に録画できる．また，ビデオ映像を視聴することによってパフォーマンスを分析し，オーラルプレゼンテーション技術の効果的な教授法を探求することが可能になる．この研究は，新しい行動を学ぶときに人間は他人を見て模倣するという Bandura（1986, 2005）の社会的モデリング理論を取り入れている．サンプルビデオを活用した観察学習の効果を十分に理解することによって，学習者はサンプルとされたパフォーマンスに何が不足していたかを分析できる．また，言語や非言語的行動における多様な側面を発達させることによって，達成感を得ながら学習者の全体的なパフォーマンスの質を向上させることが可能になる．

2　先行研究

2.1　理論的な枠組み

Bandura（1986, 2005）の社会的モデリング理論を用いて，De Grez, Valcke, & Roozen（2014）は観察学習によるオーラルプレゼンテーション技術の向上について検証した．Bandura によると，学習過程は他者の態度や行動を見て模倣することから始まり，その見本となる行動パターンはポジティブな結果として習得される（ポジティブな強化）．De Grez et al. は Bandura の社会的モデリング理論に基づいて，ベルギーの大学でオランダ語話者を対象として，観察学習群（観察学習の次に練習する群）と練習群（練習の次に観察学習する群）を比較することによって観察学習の効果を検討した．

De Grez et al.（2014）の研究の結果，まず 1 回目と比較すると 3 回目のプレゼンテーションで，9 つの評価項目のうちの 7 項目の平均値が高いことが示された．次に，最終段階で 2 群を比較したところ，全体的に有意な差異は認められなかったことから，観察学習群と練習群の間には全体的な発達における差異は有意ではなかった．さらに，観察学習群は 2 回目のプレゼンテーションにおける内容の平均値が高くなった．観察学習群は観察学習をすることによってわずかに向上した一方で，練習群は 2 回目のプレゼンテーションではわずかに向上し，観察学習後には大きく向上した．最後に，学習者の特性とオーラルプレゼンテーションのパフォーマンスの間に交互作用が有意ではないことが示された．

以上の結果から，De Grez et al.（2014）による仮説，つまり，観察学習群は練習群よりプレゼンテーションを上手に行うだろうという主張は支持された．3 回目のプレゼンテーションまでには両群とも観察学習と練習の両方に参加していることから，両群とも 3 回目のプレゼンテーションが大きく向上したことが示されている．評価項目のすべてにおいて高い評価がつけられたが，とりわけデリバリーレベル（アイコンタクトなど）より内容レベル（結論など）において評価が高くなった．De Grez et al. は，観察学習方法が母語話者によるオーラルプレゼンテーションの向上に効果的であることを示唆している．しかし，この学習方法が外国語学習者によるオーラルプレゼンテーション技術や言語能力の育成に応用可能であるかを検証した研究はこれまで実施されていない．

2.2　教育的手段としてのビデオ録画

デジタル技術の発達により，教育現場において学習者によるパフォーマンスが撮影され，その映像を視聴することによってポジティブな教育的効果が示されている．たとえば，ビデオ映像の視聴は，言語的・非言語的なコミュニケーション技術，プレゼンテーションの構成，聞き手とのかかわり方などのオーラルプレゼンテーション技術を高めるのに効果的である（Guo, 2013）．また，学習者によるプレゼンテーションへの参加，効果的なコミュニケーション，職業と関連した技術・技能を向上させる（Tugrul, 2012）．つまり，ビデオ映像の視聴は教室の中だけでなく外の世界においても実践的であり，効果的であると考えられる．

ビデオは外国語学習にあらゆる可能性を与えてくれる．デジタルビデオ映像を使って学習者のパフォーマンスを振り返ることによって，言語技術や認知技術がどのように発達したかを知ることができる．Hung（2009）は，外国語学習活動におけるビデオ映像の仲介によって，認識強化と情緒関与の余地が与えられると述べている（p. 186）．Hung は，台湾の大学において中国語母語話者（26名）を対象者とし，学習者のビデオ活用に対する態度や英語教育におけるビデオ活用のメリットとデメリットについて検討した．調査材料として，学習者の省察的なジャーナル，録音された音声インタビュー，授業評価記録が用いられた．ビデオ映像の仲介が外国語学習において有用であること，視覚的な情報を通して学習者の長所・短所に着目できること，学習者は言語に対する気づきを高めながら言語知識を次第に拡大させることなどが指摘されている（p. 182）．McNulty & Lazarevic（2012）は，アメリカの高等学校においてビデオ技術を活用し，学習者の発音やプレゼンテーション技術を向上させる方法を検証した．その結果，自らのパフォーマンス映像を視聴することによって，発音やプレゼンテーション技術の向上を促すことが示唆された．

日本人の英語学習者を対象者としたビデオ技術の先行研究では，間の取り方や強弱のつけ方に対する気づき（Okada, 2011, 2012），ビデオ撮影されたパフォーマンスの視聴・評価に対する学習者のポジティブな態度（Okada, 2013），視覚的情報より聴覚的情報に対する注目（岡田・いとう，2014）などが指摘されている．前章で述べたように，日本人英語学習者がビデオ映像を活用することによって，オーラルプレゼンテーション技術や言語能力を伸ばす可能性がある．ビデオ映像の活用については様々な角度から検証されているが，Bandura（1986, 2005）の社会的モデリング理論に基づいたビデオの効果の検討はあまり実施されていない．そこでこの章では，質的研究と量的研究の両面から日本人英語学習者によるビデオ映像活用の効果を検討する．

3　研究課題

人の将来の態度や行動に肯定的な影響を及ぼすために他者の行動を見てまねることの重要性を強く主張するBandura（1986, 2005）の社会的モデリング理論の枠組みに基づき，本研究では外国語教育における学習者のパフォーマンス観察による効果を検証する．観察学習について検討したDe Grez et al.（2014）の先行研究を外国語学習者の設定にすることで追試を行う．

まず，学習者のオーラルプレゼンテーションのパフォーマンスがサンプルビデオの視聴によって向上するかどうかについて検証する．続いて，先行研究では研究対象者が母語話者であったことから言語能力についての検討は進められなかったが，本研究では英語能力の異なる2群の学習者の検討を実施する．英語力の上位群と下位群の学習者がサンプルビデオの活用をどのように見なすのか，外国語授業において他の学習者を観察することから何を学ぶかの2点について検証することは有意義だと考えられる．

4　調査方法

4.1　調査対象者

2014年前期に都内の大学で経済学を専攻する1年生2グループ（29名）が英語コミュニケーションの授業の一環として研究に参加した．当初，2クラス31名の学生が参加していた．しかし，データが十分でなかったり（1名），同意をもらうことができなかったり（1名）した学生がいたため，その2名のデータは本研究に含まなかった．

学生は授業開始前にTOEIC（Test of English for International Communication）Bridgeテストを受験し，スコア別にクラスが編成された．上位群12名（男性8名，女性4名）の平均点は142点であるのに対し，下位群17名（男性12名，女性5名）の平均点は116点であった．t検定を用いて2群によるTOEICの平均の差を検討したところ，有意差が認められた（$t(16.42) = 6.40, p < .001$）．男女差とクラスサイズについては2群の間に有意差は認められなかった．

4.2　授業形態

この授業は必修科目であり，グループやペアワークを通してオーラルコミュニケーション技術を向上させることを目的としていた．14週間にわたって週2回の授業を合計28回実施した．1回の授業は90分であり，上位と下位群とも指導内容や使用教科書は同一であった．2グループの授業を担当している著者が研究目的を説明し，学生は授業におけるオーラルプレゼンテーションが研究プロジェクトの一部であることやオーラルプレゼンテーションが成績の30％に該当することを明確に理解した．研究への参加・不参加は成績に影響しない点や，研究に参加することによって課題が追加されたり時間をとったりすることはないという点についても事前に学生に伝えられた．

4.3　指導手順

学生は3回（6回目・15回目・25回目）にわたってオーラルプレゼンテーションを行った（図8-1）．各プレゼンテーションのトピックは，「自己紹介」「自分が勧めたいこと（もの）」「大学生の間に達成したいこと」の順であった．学生のプレゼンテーションがビデオ撮影され，その映像を視聴しながら自己評価とピア評価が実施された（7回目・16回目・26回目）．ピア評価の対象は学生全員とした．この研究の目的がビデオを使って観察学習の効果を検討することであったため，ピア評価のトレーニングは実施されなかった．

さらに，学生は2種類の自由記述回答への記入を求められた．そのうち1つは，過去の学生によるプレゼンテーションのビデオ（サンプルビデオ）を視聴した後に実施された．上位群は14回目，下位群は24回目の授業において，サンプルビデオの視聴後に1〜2分間が与えられ，ビデオの長所と短所の記入するように指示された．

サンプルビデオは過去の学生によるプレゼンテーションから選ばれ，本研究では学生9名（男性4名，女性5名）のオーラルプレゼンテーションのビデオが使用された．各サンプルビデオは2〜3分の長さで，トピックは今回の内容とは若干異なっていた．まず，学生はサンプルビデオ3名分を継続して視聴し，それぞれの長所と短所について記入した．次に，4〜5人のグループに分けられ，約2分間，サンプルビデオについて気が付いたことを話し合った．サンプルビデオ視聴の順番を工夫し，「男・女・男」または「女・男・女」

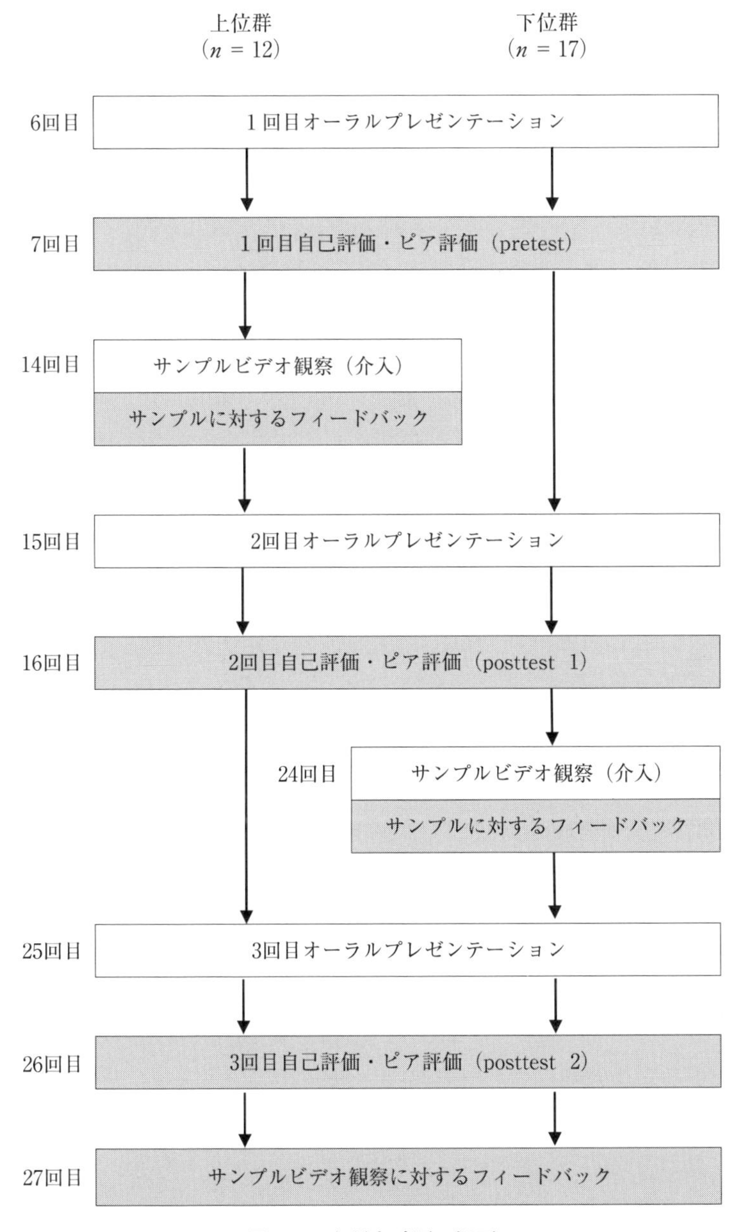

図 8-1　本研究手順の概要

のいずれかに統一して，学生がグループで話し合っているビデオが容易に判別できるようにした．

2つ目の自由記述回答は，27回目授業で実施された．学生が回答するために与えられた時間は5〜10分であった．

4.4　調査材料

4.4.1　評価シート

本研究で使用された評価項目は，先行研究（岡田・いとう，2014；Yamashiro & Johnson, 1997）を参考にした．評価シート（資料1参照）は自己評価・ピア評価とも共通で，音声コントロール・ボディランゲージ・内容・プレゼンテーションの有効性に関する4件法（1=とてもそう思う，4=あまり良くない）で回答された．本研究で使用された評価項目は14項目であった．項目1〜4は音声コントロール（声の大きさ・話す速度・イントネーション・話し方），項目5〜8はボディランゲージ（姿勢・手足の位置・アイコンタクト・顔の表情），項目9〜11は内容（導入・本文・結論），項目12〜14は有効性（トピックの選択・言語使用・語彙）であった．項目15にはコメント欄を設け，学生は自己や他者のプレゼンテーションのビデオを視聴して，気づいたことを書くよう指示された[21]．

4.4.2　自由記述式質問紙

サンプルビデオ観察の効果と上位群と下位群によるサンプルビデオの感想の差異を探究するために，2種類の自由記述式質問紙が使用され，日本語で回答してもらった．1つは,「ビデオによる過去の学習者のスピーチ」に関する質問であり，サンプルビデオ視聴時に実施された．質問は次の2点であった．

21）質的分析については自由記述回答2種類に焦点を当てたため，項目15に記入されたコメントの分析は本研究には含まなかった．

・よいと感じた点について，気が付いたことを何でも書いてください.
・良くないと感じた点について，気が付いたことを何でも書いてください.

2 つ目は，「ビデオ映像のスピーチ例の活用の有無」に関する自由記述質問紙であり，学生のオーラルプレゼンテーションがすべて終了した時点で実施された．学生が回答を求められた質問は，以下の 2 点であった.

・過去の学習者のスピーチ例をビデオで見ることについてどう思いましたか．気が付いたことを何でも書いてください.
・スピーチ例を見てから行ったスピーチと見ないで行ったスピーチを比べた場合は，どのような違いがあると思いますか．その理由も書いてください.

4.5　分析方法

研究課題については，質的および量的分析を通して検討された．量的分析ではグループ（上位群・下位群）を参加者間要因，プレゼンテーションの時点（1 回目・2 回目）と評価者（自己評価・ピア評価）を参加者内要因とする 3 要因の多変量分散分析が行われた[22].

使用された 14 項目については分析を簡素化するために次の下位尺度にしたがって，音声コントロール（項目 1～4），ボディランゲージ（項目 5～8），スピーチの内容（項目 9～11），有効性（項目 12～14）の 4 つの合成変数が作成された．4 つの下位尺度は従属変数である．評価シートでは当初，4 段階評定（1＝とてもそう思う，4＝あまり良くない）としていたが，「4（高得点）＝とてもそう思う」と逆転させてから分析を行った．各合成変数のクロンバックの α 信頼性係数を計算したところ，1 回目（自己評価）が .74，.68，.80，.69 であり，2 回目（自己評価）は .76，.79，.85，.73 であった．1 回目（ピア評価）は .88，.69，.86，.95 であり，2 回目（ピア評価）は .80，.36[23]，.84，.62 であった．すべての推量的統計では有意差を示す水準として 5% 水準が用いられた．量

22）本研究ではサンプルビデオの効果に焦点を当てたため，3 回目のオーラルプレゼンテーションの自己評価・ピア評価の平均の差異は分析に含まなかった.

的分析ではIBM SPSS 20.0を用いた．

質的分析では，（株）NTTデータ数理システムのテキストマイニングツール Text Mining Studio 4.2を使って自由記述式回答のテキストマイニング分析を試み，上位群と下位群の結果が比較検討された．

5 結果

5.1 量的データ分析の結果

表8-1では，1回目と2回目の自己評価・ピア評価の平均値と標準偏差を示している[24]．平均値からみると，1回目から2回目にかけて上位群のすべての変数が高くなっており，また下位群では自己評価の内容（$M = 3.14$）に関しては平均値に変化が見られなかったが，それ以外の変数は高くなっていた．

グループ（上位群・下位群）を参加者間要因，プレゼンテーションの時点（1回目・2回目）と評価者（自己評価・ピア評価）を参加者内要因とする3要因の多変量分散分析を行った．その結果，時間（$F(4, 24) = 4.49, p = .008$, Pillaiのトレース $= .43, \eta_p^2 = .43$），評価者（$F(4, 24) = 22.67, p < .001$, Pillaiのトレース $= .79, \eta_p^2 = .79$）の主効果は有意であった．この結果は，評価の得点が1回目から2回目にかけて有意に増加したことと，自己評価よりピア評価において評価が高いことを示している．

3つの変数の交互作用については，音声コントロールに対する時間と評価

23）クロンバックのα信頼性係数は.70以上が理想であるとされているが，オーラルプレゼンテーション2回目のボディランゲージの係数は比較的低い数値であった．2回目のピア評価では，項目5から8の平均値がそれぞれ3.82，3.66，3.33，3.56であった．上位群の平均値は3.84，3.68，3.32，3.66であり，下位群は3.80，3.64，3.34，3.50であった．各群のクロンバックのα信頼性係数はそれぞれ.07と.58であった．4つの変数の間に大きな相関は認められなかった．したがって，本研究では一貫性を保つためにこのまま合成変数を使用した．

24）本章では1回目・2回目の自己・ピア評価の平均値を分析・考察を行ったが，3回目の各平均値（資料2参照）を算出したが，さらなる分析・考察は行わなかった．しかし，2回目から3回目にかけて上位群は自己・ピア評価とも高くなっているが，下位群は低くなっていることが示された．

表8-1　自己・ピア評価の記述統計量

	自己評価				ピア評価			
	1回目		2回目		1回目		2回目	
	M	*SD*	*M*	*SD*	*M*	*SD*	*M*	*SD*
上位群（n = 12）								
音声コントロール	2.65	0.60	3.06	0.57	3.66	0.21	3.77	0.12
ボディランゲージ	2.79	0.65	3.04	0.68	3.58	0.18	3.63	0.13
内容	2.89	0.69	3.31	0.87	3.85	0.13	3.93	0.09
有効性	3.03	0.63	3.31	0.76	3.86	0.09	3.88	0.05
下位群（n = 17）								
音声コントロール	2.66	0.62	2.91	0.54	3.38	0.23	3.58	0.22
ボディランゲージ	2.63	0.47	2.85	0.52	3.39	0.13	3.57	0.12
内容	3.14	0.62	3.14	0.47	3.53	0.13	3.73	0.08
有効性	2.98	0.56	3.20	0.51	3.46	0.08	3.78	0.08

者の交互作用が有意であった（$F(1, 27) = 4.34, p = .047, \eta_p^2 = .14$）．単純主効果の検定を行ったところ，自己評価では5%水準で上位群の音声コントロールが有意に向上し，ピア評価では0.1%水準で下位群の音声コントロールが有意に上昇していた．

内容に対してグループ・時点・評価者の3つの変数間の有意な交互作用が認められた（$F(1, 27) = 5.13, p = .032, \eta_p^2 = .16$）．単純主効果の検定を行った結果，ピア評価における上位群と下位群（0.1%水準），1回目（0.1%水準）と2回目（5%水準）ともに上位群における自己評価とピア評価，1回目（5%水準）と2回目（0.1%水準）ともに下位群における自己評価とピア評価の間に有意な差異が認められた．その他の要因間の交互作用は有意ではなかった（$Fs(4,24) < 2.18, ps > .102$）．

時点の主効果が有意であったため，各従属変数への影響を詳細に検討するために一変量分散分析を行った．その結果，音声コントロール（$F(1, 27) = 19.45, p < .001, \eta_p^2 = .42$），ボディランゲージ（$F(1, 27) = 5.32, p = .029, \eta_p^2 = .17$），内容（$F(1, 27) = 6.15, p = .020, \eta_p^2 = .19$），有効性（$F(1, 27) = 6.94, p =$

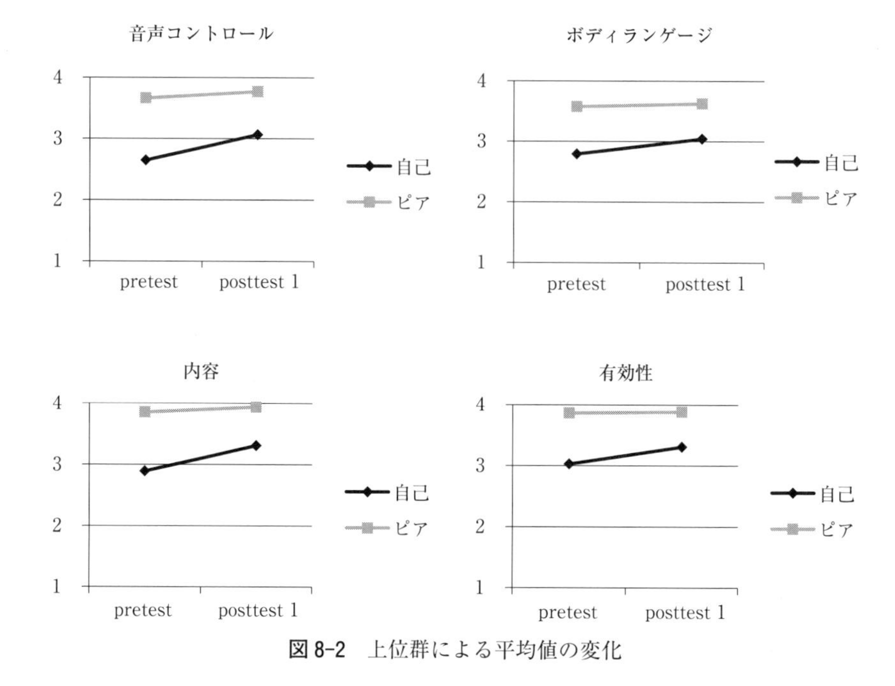

図 8-2　上位群による平均値の変化

.014, η_p^2 = .21）において時点の主効果が有意であった．同様に，評価者の主効果についても一変量分散分析を行ったところ，全て 0.1%水準で音声コントロール（$F(1, 27)$ = 78.92, η_p^2 = .75），ボディランゲージ（$F(1,27)$ = 82.18, η_p^2 = .75），内容（$F(1,27)$ = 39.04, η_p^2 = .59），有効性（$F(1,27)$ = 52.83, η_p^2 = .66）において評価者の主効果が有意であった．

5.1.1　上位群の結果

図 8-2 は，上位群の音声コントロール，ボディランゲージ，内容，有効性の 4 変数の平均値の変化を示したものである．ピア評価では全ての変数において 1 回目（pretest）と 2 回目（posttest1）の平均値は自己評価よりピア評価のほうが高かった．1 回目と 2 回目の平均値を比較すると，自己評価で内容が .42 ポイント，ピア評価では音声コントロールが .11 ポイント最大で上昇

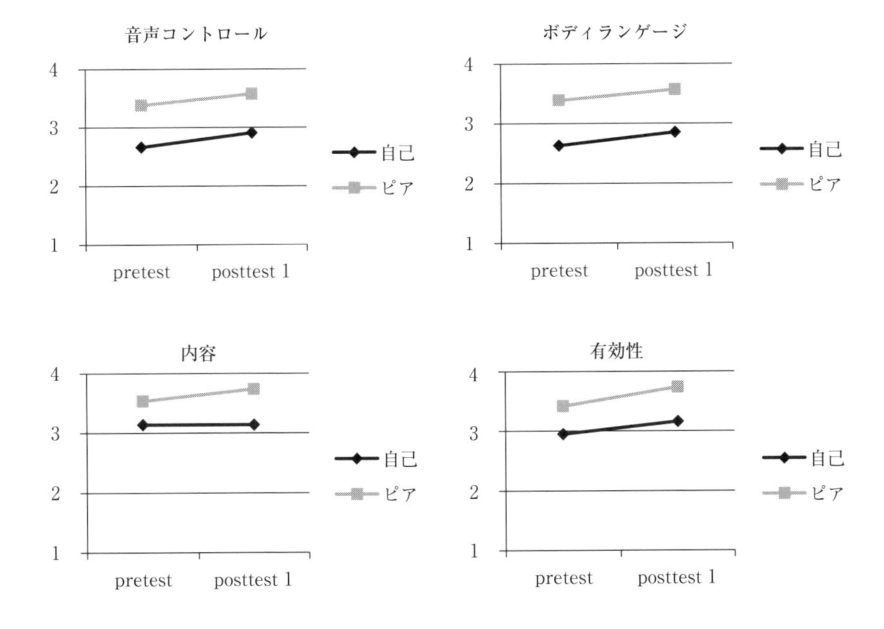

図 8-3　下位群による平均値の変化

している．これは，サンプルビデオの視聴がピア評価における音声コントロール，自己評価における内容にそれぞれよい影響を与えたことを示唆する．

5.1.2　下位群の結果

図 8-3 は，下位群における平均値の変化を示したものである．上位群で示されたように，下位群においても 4 つの変数は自己評価よりピア評価の平均値のほうが高かった．最も上昇した変数は自己評価では音声コントロールが .25 ポイントで，ピア評価では有効性が 0.32 ポイント上昇している．2 回目のプレゼンテーションにおいて，ほとんど全ての平均値が上昇したが，自己評価の内容の平均値は変化しなかった．この結果は，下位群にとってピア評価のすべての変数と自己評価の内容以外の変数はサンプルビデオを視聴せず

に平均値を高くする可能性を示唆している．つまり，上位群と同様に，下位群の学生も授業で英語を話したり聞いたりする練習を続けていたために，2回目の評価が高くなったことが考えられる．学習者が1回目と2回目のプレゼンテーションの間にどのような学習をしていたのかについて検討する必要がある．

5.2　テキストマイニング分析の結果：サンプルビデオの視聴

ここでは，学習者によるサンプルビデオ視聴に対する回答のテキストマイニングの結果を示す．サンプルビデオ視聴時の自由記述式質問紙では，(Q1) 発表者のよいと感じた点，(Q2) 良くないと感じた点の2点に関する記述を求めた．テキストデータを分析するにあたり，単語頻度分析，特徴語抽出，評判分析の3分析を実施した．まず頻出単語分析では，テキストに出現した単語の頻度を測定する．次に特徴語抽出では，上位群と下位群の間で特徴的に出現した単語を選び出す．最後に評判分析では，ポジティブな意味を持つ語とネガティブな意味を持つ語の頻度を分析することで単語の評判を分析する．

5.2.1　単語頻度分析

表8-2は1回目の自由記述式質問紙「ビデオによる過去の学習者のスピーチを見て」において頻繁に使用された単語を示している．ここでは，2つの設問に対する回答を合計して分析を行った．その結果，形容詞の「良い」が最も頻繁に使用されていることが示された．これは学生がよいサンプルだけを視聴していたために，サンプルに対する否定的なコメントより肯定的なコメントを書いていたと考えられる．また，「発音」「話す」「聞き取る」「声」「大きい」「聞く」などの聴覚的な情報に関連した様々な単語が表れている．

5.2.2　上位群・下位群の特徴語分析

特徴語分析の結果では，上位群において特徴的に使用された上位5単語は

表 8-2　サンプルビデオ視聴における頻出語（$N = 29$）

	頻出語	品詞	出現回数
1	良い	形容詞	77
2	発音	名詞	54
3	話す	動詞	36
4	聞き取る	動詞	23
5	声	名詞	22
6	手	名詞	20
7	大きい	形容詞	19
8	内容	名詞	19
9	聞く	動詞	18
10	見る	動詞	6

「良い」(56/77)[25]，「暗記」(12/14)，「内容」(14/19)，「発音」(31/54)，「位置」(9/10) であった．これらの単語は以下の文脈で使用されている．

- 話すスピードはほど良かった．手の位置がよいと思う．(Q1)
- しっかり暗記できていて内容もわかりやすい．(Q1)
- 単語ごとにダラダラ言っていると話が入ってこない．英語で１語１語覚えてるから詰まっている．(Q2)

下位群では最も頻繁に使用された単語は以下のとおりである．「スピード」(13/15)，「適切」(9/9)，「分かる」(10/12)，「話す」(22/36)，「単語」(10/13) の順であった．これらの単語を使ったコメントの抜粋は以下のとおりである．

- 簡単な英語で丁度よい速さのスピードで内容が割と分かりやすかった気がする．(Q1)
- 何度かつっかえる所や，言い間違えるところがあった．(Q2)

25) この群に出現した回数が 56 回，２群で合計して出現した回数が 77 回であることを表している．以下も同じ．

5.2.3 評判分析

さらに，テキストマイニングによる分析を続けた結果，肯定的な意味を持つ単語と共に使用されている上位 3 単語は，「発音」(35)，「スピード」(12)，「声」(11) であった．一方，否定的な意味を持つ単語と併用されていた単語は「発音」(6)，「ジェスチャー」(2)，「姿勢」(2) であった．評判分析であげられた単語は，以下の文脈で使用されていた．

・声が聞き取りやすかった．(Q1)
・体が揺れているので，姿勢良く立ったほうがよいと思います．(Q2)

5.3 テキストマイニング分析の結果：学生によるフィードバック

ここでは，テキストマイニングを使用して，「ビデオ映像のスピーチ例の活用の有無について」に対する回答を分析した結果を示す．この自由記述では，過去の学習者のスピーチ例をビデオで視聴することについて思ったこと (Q3)，スピーチ例の視聴後のスピーチと視聴なしのスピーチの違い (Q4) の 2 点について説明を求めた．

5.3.1 単語頻度分析

テキストマイニングを使って，「ビデオ映像のスピーチ例の活用の有無について」における 2 つの設問に対する回答が分析された．表 8-3 は，学習者よる回答の中で最も頻繁に使用された単語を示したものである．上位 10 単語の中で，名詞が最も頻繁に使用された単語の品詞であることを示している．

5.3.2 上位群・下位群の特徴語分析

サンプルビデオ観察に対する学生の回答を用いて，グループごとに特徴語分析を試みた．上位群では，特徴的に出現した単語は「見る」(21/34)，「自分」(16/25)，「気」(9/10)，「良い」(15/25)，「付ける」(5/5) である．下位群

表8-3　サンプル観察における頻出語（N = 29）

	頻出語	品詞	出現回数
1	スピーチ	名詞	40
2	見る	動詞	34
3	人	名詞	34
4	自分	名詞	25
5	良い	形容詞	25
6	発音	名詞	11
7	変わる	動詞	11
8	気	名詞	10
9	上手	名詞	9
10	上手い	形容詞	9

では，「変わる」(11/11)，「人」(22/34)，「英語」(7/7)，「いる」(5/5)，「発音」(8/11) の順であった．最も多く出現した「変わる」は，11回のうちの8回が否定語と一緒に出現していた．

5.3.3　評判分析

学習者のフィードバックから好評語・不評語を抽出しながら分析した結果，好評語と出現した単語は「人」(13)，「発音」(5)，「スピーチ」(4) であった．一方，否定的な意味を持つ語と使用された単語は「人」(3)，「英語」(1)，「言い方」(1) であった．

5.4　内容分析の結果

テキストマイニングによる自由記述式回答の分析に加えて，学習者による全体的なフィードバックがより詳細に分析された．(Q3) の回答から，両群のほとんどの学生がサンプルビデオ観察の有益性を指摘している．

・何をするにも上手な人の真似をすることは大切だと思うし，見て学ぶことも多いと思います．人のスピーチを見れば自分が意識すべき点を見つけられるから，モデルスピーチを見るのはよいと思います．（上位群）
・非常に参考になって役立った．うまい人の特徴とうまくない人の特徴がわかるようになりたかったからとても良かった．（上位群）
・過去の学習者によるスピーチを見て，皆表情が明るく自信に満ちあふれていたし，そのことにより，間違えてもテンパることなく，アドリブを聞かせて笑って続けていたと思う．また，様々な人の特長や話し方があって，自分にも生かせるところがあってみて良かったと思います．（下位群）

（Q4）では，学生がオーラルプレゼンテーションをするときに他者の観察という社会的モデリング学習方法の有用性について回答を求めたところ，上位群では12名中10名がサンプルビデオ観察は外国語やプレゼンテーション技術の向上に役立つと指摘した一方，2名は違いがみられなかったと述べている．肯定的なコメントの例は以下のとおりである．

・自分たちがスピーチをする前日も，手本のように発音しっかりして暗記も頑張ろうと話をして，練習も他の2回と比べてたくさん練習した．自分の中で2回目が一番良かったと思う．
・手の位置や姿勢などを気にするようになった．知り合いだとあまり気にならなかった作法や姿勢が他人だとすごく気になってしまうので，それは自分だけでなく他の人も思うことだろうと分かったから．

下位群では，17名中4名がオーラルプレゼンテーションを向上させるのに効果的だったと述べている．しかし，9名はサンプルビデオの発表者のようにプレゼンテーションをすることは難しいと述べている．以下は下位群によるフィードバックの例である．

・うまい人はより良くなって，下手な人はあまりかわらないという結果になったと思う．
・英語が嫌いな人にとっては見せても「すごい」としか感じないと思う．むしろ差を見せつけられやる気がなくなるかもしれない．
・やはり見本があるのとないのでは違うと思う．しかし，自分は特に変わらなかったと思う．その個人の向上心がなければ意味がない．

6　考察

本研究では，英語学習者のオーラルプレゼンテーションにおける自己・ピア評価と2種類の自由記述式回答を分析することによって，観察学習がどのように効率的に学習者の言語技術とオーラルプレゼンテーション技術を向上させることを示すことを試みた．さらに，英語力上位群と下位群によるサンプルビデオを活用した観察学習に対する考え方について検証した．

6.1　量的分析

量的分析の結果，サンプルビデオ視聴の時期とは関係なく，英語力上位群と下位群の両群とも自己評価・ピア評価における平均点が上昇し，自己評価よりピア評価の平均値のほうが高いことが示された．時期については，両群の学習者は1回目のプレゼンテーションのビデオ映像を視聴していたことから，自らのパフォーマンスの欠点に気づいており，2回目のプレゼンテーションのためにこの欠点を克服することを考慮していたのではないかと考えられる．そのため，2回目のプレゼンテーションの平均値は1回目より高いことが示唆される．

評価者では，ピア評価の平均値が自己評価より高かったが，これは先行研究（Falchikov, 1995; Guo, 2013; Peng, 2009）とも一致しており，ピア評価で特徴的な友人関係による効果（friendship effects）が指摘されている．Falchikov（2005）によると，学習者は他の学習者に対して評価が高くなる傾向を問題視しており，そのようになる理由も理解していると述べている．学習者は自らの客観性について自信が持てないという理由から，自分と親しい関係である人に対して緩やかな判断基準が用いられる傾向がみられる（Cheng & Warren, 1997）．

本研究の調査対象者の場合，学生は他の授業を一緒に受講していたことから，データの収集時期にはすでに学生の間で友好関係が構築されていた．つまり，サンプルビデオの視聴の効果に関係なく，他の学生に対して高い評価を付けるほど十分に親しくなっていたと考えられる．

ピア評価では，英語力上位群において内容の平均値が1回目（M = 3.85, SD = 0.13）より2回目（M = 3.93, SD = 0.09）のほうが高かった．これは内容に対してほとんどの学習者が最大値を選択したために天井効果（ceiling effects）が働いたと思われる．おそらく，1回目のプレゼンテーションに対するピア評価で友人関係による効果が得られ，学習者は自分と親しい関係にある他者に対して高く評価し，その結果として平均値が高くなったのだろう．

さらに重要なのは，時間，評価者，グループの3つの独立変数間で内容の交互作用が有意であったことがあげられる．自己評価では，上位群の内容の平均値が1回目（M = 2.89, SD = 0.69）から2回目（M = 3.31, SD = 0.87）にかけて上昇した一方で，下位群の内容の平均値は1回目（M = 3.14, SD = 0.62）と2回目（M = 3.14, SD = 0.47）では変化がなかった．サンプルビデオの視聴により，上位群の内容（導入・本文・結論）に対する気づきが高まり，上位群の内容に対する平均値が上昇する結果になったと考えられる．

英語力上位群では，2回目のプレゼンテーションのトピックと学習者のリスニング能力が内容理解の促進を図った可能性もあるだろう．2回目のプレゼンテーションは「自分が勧めたいこと（もの）」がトピックであった．まず，学習者が話す内容について熟知していることとトピックに関連した語彙を使用した可能性を考慮すると，学習者は内容をよく理解したうえで自信を持って発表に臨んだのではないかと思われる．次に学習者の英語力が関係しているだろう．学習者はTOEIC Bridgeテストの得点によってクラスが編成されていたが，この試験はリスニングとリーディング力を測定するテストである．そのため，英語力上位群は下位群よりリスニング能力が高く，プレゼンテーションの内容を理解した可能性が考えられる．つまり，「話し手」や「聞き手」という要因がオーラルプレゼンテーションの内容に関する結果に影響を与えたと結論づけることができるだろう.

6.2　テキストマイニングと内容分析

サンプルビデオ視聴に関する自由記述式回答のテキストマイニングの結果から，ビデオを用いた観察が言語能力やプレゼンテーション技術の本質に対する気づきを高めることに効果があることを示した．とくに，表8-2の単語頻度分析の結果によると，「発音」「話す」「聞き取る」「声」「聞く」などの単語が頻繁に使用されていることから，ビデオを用いた観察学習によって学習者はサンプルビデオの聴覚的情報に対して容易に集中できたと考えられる．ビデオを通して視覚的情報と聴覚的情報の両方を得られたが，視覚的な面に対する注意が促されなかったように思われる．これは，本研究が英語授業の中で進められており，学習の焦点がスピーキングやリスニング技術に向けられていたことに関連するかもしれない．つまり，学習者の関心が「聞き手の目に自分がどのように映るか」ということより「何について話すか・どうやって話すか」ということにあったのではないかと考えられる．

さらに，サンプルビデオを用いた観察学習に対して英語力上位群と下位群では異なる視点や考え方を示していることも明らかになった．内容分析の結果によると，両群ではサンプルビデオの効果が異なることが示されている．つまり，Bandura (1986, 2005) が社会的モデリング理論において示唆しているように，見本とされるパフォーマンスが新しい行動として観察され，肯定的な結果としてまねされたために，上位群の学生は観察学習を通して効果的なプレゼンテーション技術の本質に対する気づきを高めることが可能であった．一方，下位群はビデオでモデルとして見せられた発表者と自分たちの英語力の差異が大きかったことから，プレゼンテーションに対する気力を失わせたのではないかと考えられる．したがって，同じサンプルビデオを上位群と下位群に対して視聴させたが異なる効果が見られた．

6.3　理論的意義

本研究ではベルギーの大学生における観察学習の効果を検証したDe Grez et al. (2014) の研究を追試した．本研究はオーラルプレゼンテーションの内容が向上したという点については先行研究と一致しているが，先行研究との違いについて指摘しておきたい．まず，先行研究では母語によるプレゼンテーションという設定であったが，本研究では英語学習者による外国語によるプレゼンテーションであった．次に，先行研究の統制群と対照群のプレゼンテーション技術は同等であったが，本研究では英語力が異なる2群の比較・検証を行った．それにもかかわらず，2群による観察学習の効果の違いが明白に示された．今後は同等の英語力を持つ学習者について検討を行う必要があろう．

6.4　教育的意義

教育分野におけるビデオ活用の目的には，学習者にビデオを視聴させることによって，ポジティブな結果としてその映像を模倣することがあげられる．本研究では，サンプルビデオの視聴によって学習者のモデルをまねることに対する意欲が低下する結果となった．これは学習者がサンプルビデオを視聴していたとしても，学習者の能力から離れているために模倣が不可能だと感じられたのではないか．Shrosbree (2008) が指摘するように，「外国語でコミュニケーションをするときに，学習者が頻繁に起こる落とし穴や間違いに対する気づきを向上させるために分析・使用できる」(p. 76) ネガティブなパフォーマンスのモデルを教師が選んで学習者に提示することが必要である．学習者が達成できるようなパフォーマンスをサンプルとして視聴させる．それゆえ，下位群でも英語力が考慮されたビデオを活用するのであれば，社会的モデリングを通して学習者の言語能力やオーラルプレゼンテーション技術が向上するだろう．

6.5 本研究の限界と課題

本研究の限界として，まず調査対象者の人数が少なかったことがあげられる．両群により多くの学習者がいた場合，スピーチの内容以外においてもビデオを活用した観察学習の効果をより明白に示せただろう．2つ目に，評価シートで使用された項目数の減少が検討されるだろう．De Grez et al.（2014）の研究では9項目が使用されたが，本研究では全体的なコメント以外で14項目が使用された．学習者の英語能力にもよるが，本研究における下位群の学習者は評価のために与えられた時間内でオーラルプレゼンテーションにおける様々な側面に対する判断を下すのが難しいようであった．項目数を減少させることで学習者に対しては時間的な余裕が与えられるだけでなく，自己評価・ピア評価に対する信頼性や妥当性が高まるのではないかと考えられる．

7 おわりに

本研究では，英語学習者の言語技術とプレゼンテーション技術の発達のためにサンプルビデオを使った観察学習の効果を解明しようとした．また，日本の大学において英語力上位群と下位群を比較・検証した．学習者がプレゼンテーションのモデルとなるビデオ映像を視聴することによって，プレゼンテーションの内容が有意に向上することが判明した．英語力上位群と下位群の学習者に対して同一のサンプルビデオを視聴させた結果，学習者による言語技術やオーラルプレゼンテーション技術の習得させるためには，学習者の英語力を考慮し，学習者が達成可能だと考えられるレベルのサンプルビデオを用いることが必要である．本研究によって日本人の英語学習者を対象とした社会的モデリング理論の研究が前進し，他の学習者をサンプルとしたビデオ映像の活用に対する十分な理解を与えることが可能になるだろう．

英語文献

Bandura, A. (1986). *Social foundations of thought and action: A social cognitive theory.* Englewood Cliffs, NJ: Prentice-Hall.

Bandura, A. (2005). The evolution of social cognitive theory. In K. Smith & M. Hitt (Eds.), *Great minds in management* (pp. 9-35). Oxford: Oxford University Press.

Cheng, W., & Warren, M. (1999). Peer and teacher assessment of the oral and written tasks of a group project. *Assessment and Evaluation in Higher Education, 22*(2), 233-239.

Falchikov, N. (1995). Peer feedback marking: Developing peer assessment. *Innovations in Education and Training International, 32*(2), 175-187.

Falchikov, N. (2005). *Improving assessment through student involvement.* New York: RoutledgeFalmer.

De Grez, L. D., Valcke, M., & Roozen, I. (2014). The differential impact of observational learning and practice-based learning on the development of oral presentation skills in higher education. *Higher Education Research and Development, 33,* 256-271.

Guo, R. X. (2013). The use of video recordings as an effective tool to improve presentation skills. *Polyglossia, 24,* 92-101.

Hung, H. (2009). Learners' perceived value of video as mediation in foreign language learning. *Journal of Educational Multimedia and Hypermedia, 18*(2), 171-190.

McNulty, A., & Lazarevic, B. (2012). Best practices in using video technology to promote second language acquisition. *Teaching English with Technology, 12*(3), 49-61. Retrieved from http://www.tewtjournal.org/VOL% 2012/ISSUE3/ARTIC LE% 204. pdf

Okada, Y. (2011). Reflecting on students' videotaped presentations. *Journal of Teaching English, 20,* 41-54.

Okada, Y. (2012). Video feedback comparison with EFL students. *Studies in Language Education Seisen University, 4,* 17-33.

Okada, Y. (2013). EFL learners' positive perceptions with regard to reviewing their classroom performance. *Proceedings of the 18th Pan-Pacific Association of Applied Linguistics Conference.* 2 pages.

Peng, J. F. (2009). *Peer assessment of oral presentation in an EFL context.* (Doctoral dissertation). Retrieved from Dissertation Abstracts International. (3380148)

Shrosbree, M. (2008). Digital video in the language classroom. *The JALT CALL Journal, 4*(1), 75-84.

Smith, K., & Hitt, M. (Eds.) (2005). *Great minds in management.* Oxford: Oxford University Press.

Tugrul, T. O. (2012). Student perceptions of an educational technology tool: Video recordings of project presentations. *Procedia - Social and Behavioral Sciences, 64,* 133-40.

Yamashiro, D.A., & Johnson, J. (1997). Public speaking in EFL: Elements for course design. *The Language Teacher, 21*(4), 13-17.

日本語文献

岡田靖子・いとうたけひこ (2014).「自己評価・ピア評価からみた学習者のビデオ映像活用の効果」『日本大学経済学部研究紀要』*76*, 47-55.

資料1　評価シート

		評価 (1：とても良い，4：あまり良くない)	評価ポイント
1	声の大きさ	1　2　3　4	大きすぎず，小さすぎず
2	話すスピード	1　2　3　4	速すぎず，遅すぎず
3	イントネーション	1　2　3　4	適切な強弱アクセントとポーズを使う
4	話し方	1　2　3　4	はっきりと話す（ぶつぶつ言わない，余計なアクセントが邪魔しない）
5	姿勢	1　2　3　4	背筋はまっすぐ伸ばす
6	手足の位置	1　2　3　4	足は肩幅，手はウエストラインで組む
7	アイコンタクト	1　2　3　4	聞き手の目を見て話す
8	顔の表情	1　2　3　4	リラックスした表情
9	導入	1　2　3　4	挨拶，名前，トピックを伝える
10	本文	1　2　3　4	トピックについて詳しく説明する
11	結論	1　2　3　4	トピックを言い換える，まとめる
12	トピック	1　2　3　4	興味深いトピックである
13	言語使用	1　2　3　4	分かりやすい文章を使っている
14	語彙	1　2　3　4	理解できる語彙を使っている

15　全体的に気がついたことを書いてください．

・

・

・

・

・

資料2　自己評価・ピア評価の記述統計量（3回目）

	自己評価		ピア評価	
	M	*SD*	*M*	*SD*
上位群（n = 12）				
音声コントロール	3.38	0.38	3.81	0.10
ボディランゲージ	3.35	0.53	3.71	0.14
内容	3.64	0.46	3.97	0.05
有効性	3.56	0.52	3.93	0.07
下位群（n = 17）				
音声コントロール	2.74	0.76	3.58	0.21
ボディランゲージ	2.88	0.62	3.67	0.10
内容	2.93	0.71	3.74	0.08
有効性	3.00	0.83	3.75	0.10

第9章　ビデオ映像を使った省察の事例研究

1　はじめに[26)]

現在，外国語教育において学習者に視覚的・聴覚的な情報を提供することを目的としたデジタルビデオ映像（以下ビデオ）の活用が進んでいる．Shrosbree（2008）によると，外国語授業におけるビデオは，(1)教室において外国語学習者のスキットやオーラルプレゼンテーションなどのパフォーマンスを撮影し，映像を教師や学習者が評価する，(2)教材として教師が撮影したビデオを学習者が視聴する，(3)教室外のプロジェクトなどを学習者が撮影し，授業の中で教師や他の学習者に見せることを目的としている．この章では，ビデオによる撮影・評価を目的とした活用方法に主眼を置き，活用例と効果について検証する．

評価を目的としたビデオの活用は1960年代にさかのぼる．当時，アメリカのスタンフォード大学において教育実習担当の教員らがビデオテープ・レコーダーを導入した．当初の目的は，教員実習生の指導技術を模擬授業において短期間で向上させることであった（Tochon, 2008, p. 421）．その後，ビデオは指導技術の向上だけでなく，実習生による行動の省察にも活用されるようになった（Orlova, 2009; McCurry, 2000; Lofthouse & Birmingham, 2010; Osipova, Prichard, Boardman, Kiely & Carroll, 2011, Hamilton, 2012; 太田・児嶋, 2007）．このような動向は，ビデオの教育的活用の重要性が視覚的・聴覚的な自己の省察にあることを示唆している．

26）謝辞　本論文に関して古田順子先生（日本大学）から貴重なアドバイスをいただきました．この場を借りて，感謝の意を表します．

近年ではデジタルビデオカメラがその役割を担い始め，カメラ自体が小型化・軽量化されただけでなく品質も向上し，撮影された映像はパソコンなどを使って容易に編集できるようになった．同時に，ビデオカメラを用いて教育実習生を対象とした模擬授業だけでなく外国語学習者のパフォーマンスが撮影され，その映像を学習者が視聴・分析することによって生み出される効果に関する研究も進んでいる．

2　研究目的

本章の目的は，Shrosbree（2008）が指摘している外国語教育におけるビデオ活用の目的のうち，学習者のパフォーマンスのビデオ撮影と視聴に焦点を当て，模擬授業や外国語教育における学習者のパフォーマンスのビデオ撮影や視聴に関する研究を概観し，ビデオ活用の効果について検証することである．英語教育におけるビデオの教育的活用を促進するため，ビデオカメラの実用的な使用方法についても言及する．

3　意義

外国語学習において，ビデオ活用が自己省察力・自律的学習能力の向上に有効であることを明確にできれば，学習者の言語能力だけでなくパフォーマンス全般に関連した能力の向上という成果が得られると考えられる．Castañeda & Rodríguez-González（2011）は，スペイン語学習者によるビデオ活用を検討した結果，学習者のスピーキング能力の長所と短所に気づくきっかけを作ったことを明らかにしている．これは，学習者が自らのパフォーマンスを省察し，自己評価することによって他人に対する観察力や自身に対する気づきを促進すると考えられる．Tochon（2008）は，ビデオで撮影すること自体が行動に対する気づきを高め，その行動をしている者に対して彼らの実践を理解させるだけでなく，彼らの次の行動を改善させると指摘している(p. 426)．したがって，外国語学習者にとってビデオによる撮影からその視聴・分析までのすべてが，自己や他者に対する批判的な思考能力を向上させるのに不可欠な過程であると考えられる．

4　先行研究

4.1　ビデオ自己モデリング

1970年代以降，心理学や教育学の分野を中心としてビデオを利用した自己モデリング（video self-modeling: VSM）が導入され，個人の行動や技能に関する研究が進められるようになった．VSMは，ある特定の技能を習得するために対象者自らがモデルとなったビデオを観察し，こうすればできるようになるだろうという考えを強化することによって学習する方法である(Dowrick, 1999)．VSMには2通りの方法がある．まず，feedforwardでは目標とされている技能や行動を達成させるために，ビデオが撮影されている間は対象者に対してサポートが与えられているが，ビデオの撮影後にそのサポート部分は削除され，自己をモデルとしたビデオの部分だけを対象者が観察する(Boisvert & Rao, 2014, p. 5)．一方，self-reviewでは個人が1人でできる技能や行動を練習している様子を撮影し，目標とされる技能や行動の一番良い部分を残しながら編集される（Boisvert & Rao, 2014, p. 5)．どちらの方法であっても，ビデオの視聴を通して対象者自身によって何かしらの働きができるという感覚，つまり自己効力感（self-efficacy）が必要になる（Boisvert & Rao, 2014)．

VSMが学習者の行動や技能の習得に有効な方法であるにもかかわらず，外国語学習者を対象としてVSMを用いたビデオの教育的活用に関する研究はこれまであまり行われていない．

4.2　教員養成のためのビデオ活用

Lofthouse & Birmingham（2010）の研究では，英国の教育実習生（*n* = 73）と指導者（*n*=70）とセカンダリー PGCE[27]チューター（*n* = 7）を対象とし，ビデオ活用に関するアンケート調査を実施した．その結果，実習生の9割近くがビデオを使用することによって自らの指導方法を効果的に振り返ることができたと回答した．さらに，8割近くの実習生がビデオの視聴によって児童の立場から自身の指導方法を観察することができたと報告している．ビデオを視聴することによって実習生に対する評価がどのように付けられているかを実習生自身が理解できるため，指導者に対する信頼感を高める可能性だけでなく教育実習生と指導者との間に強い絆を構築する可能性も示唆されている（p. 13）．

Osipova, Prichard, Boardman, Kiely, & Carroll（2011）の研究では，アメリカの現職教師（*N*=15）を対象とし，能力開発（professional development）を兼ねたビデオによる自己省察を行った．Osipova et al. は教師の授業（6回）を1年間にわたって撮影した後，教師による自己評価と授業に対する省察内容を分析した．その結果，教師のほとんどは最初に自己評価を高くしているが，中頃になると低く評価し，最終的には再び高い評価を付ける傾向が示された．また，省察内容の分析から教師の論点が「授業でうまくいったこと（what did work)」から「授業でうまくいかなかったこと（what did not work)」に移行していることも明らかになった．自らの授業の観察・評価とともに専門家からのフィードバックを併用することで，教師としての成長がより促されることが報告されている（Osipova et al., 2011, p. 168）．

Hamilton（2012）は大学教員に関するビデオ撮影を使った省察的な研究が

27) Post-graduate Certificate in Education のこと．「さまざまな専攻の第一学位取得者がフルタイムで1年の教職専門課程（教育実習を含む）を履修し，試験に合格した場合に付与される．4年制の教員養成課程修了者に対する教育学士（BEd）とともに，大学教育を受けた学校教員の資格として広く知られている.」（吉川，2001，p. 34）

稀であることから，研究者自身が自らの教授経験をデータとして分析することにより，省察や省察的な実践を明らかにしようと試みた．その結果，ビデオは省察する機会を作り出し，自己に対する気づきをある程度まで促進することが明らかになった．また，ビデオの使用によって授業の方法や実践を振り返るだけでなく，研究者自身の立ち位置についての検討も可能になることを示している．

海外における教育実習と同様，日本の教員養成においても模擬授業のビデオが活用されている．太田・児嶋（2007）は教員志望の大学生（$N = 50$）を対象とし，自らの授業を省察することによる教授能力の向上の効果について自己評価（模擬授業の前後）とピア評価（模擬授業の後）を実施した．その結果，ピア評価の内容は「他者をモデルとする」「他者と自身の比較」「自身の向上」「お互いの向上」「評価能力の向上」「生徒視点の取得」という7つの観点に類別されることが示された．一方，自己評価の内容は「客観的な自己評価」「授業中に気づかなかったことへの気づき」「視聴前の自己評価との比較」「他者評価との比較」「生徒側の視点」「意識の向上」「DVD メディアの利点」の7つに分類された．太田・児嶋はビデオの役割について，「言語的な評価は，評価者の意図と授業者の解釈が一致しないと，評価の効果は弱くなる．なぜそのような評価を受けたのか，ということに対する解釈は言語的な情報のみでの判断では不十分な場合が多い．評価者の指摘の意図を，授業者がビデオを視聴しながら確認することで，評価内容を補完する役割を果たしていた」（p. 21）と指摘している．

教員を志望する学生の授業観察力を育成するために，三島（2013）は実験用の授業ビデオを活用してモデリングとグループディスカッションの効果を検討した．3か月間にわたり大学生2年生と3年生（$N = 122$）に授業ビデオを2回視聴してもらい，その評価と理由について自由記述回答を求めた．この自由記述部分を分析対象とし，授業ビデオから指摘できる問題数（問題指摘数）と問題に対する改善案の数（代案生起数）を授業観察力の指標として用いたところ，モデリングは学生の授業観察力を向上させるのに効果的であったが，ディスカッションの効果はほとんど示されなかったと報告されている．

最近の教員研修に関する研究では，ビデオを活用して実習生に自己の技能や行動を省察させるだけでなく，他者のビデオを視聴することによっても授業に対する観察力を含む多様な能力を向上させる可能性があることも明らかにされている．

4.3　英語学習者のビデオ活用

Ortiz, Burlingame, Onuegbulem, Yoshikawa, & Rojas（2012）によると，アメリカでは社会経済的や環境的な事情だけでなく英語力不足を理由として英語学習者（English language learner: ELL）の学力低下が問題視されている．Ortiz et al. は，効果的な戦略方法としてELLに対してVSMを導入した研究を進めることがオーラルリーディングの流暢さと理解力を向上させることにつながる可能性を指摘している．

Boisvert & Rao（2014）は，ハワイの公立学校の生徒を対象にしてVSMを取り入れたケーススタディを報告している．ケーススタディ1では，英語を母語としない生徒（n = 3）を対象者として6週間にわたってVSMのfeed-forwardの方法を使ってリーディングの流暢さについて検討した．その結果，生徒全員がオーラルリーディングの流暢さを向上させる結果となり，最終的には生徒の学習意欲を高めることにもつながったと報告している（p. 11）．ケーススタディ2では言語や文化背景が異なる生徒（n = 24）と教師を対象とし，VSMのself-reviewの方法を取り入れた卒業後の進路と数学の知識を統合したプロジェクトを実施した結果，ビデオの制作・視聴によって授業に対する活発な参加を助長したことを明らかにしている（p. 16）．

このように，英語学習者に対するVSMの導入は英語能力の上達だけでなく，学校教育における学力全体を向上させる可能性が示唆されている．VSMの効果が示されている一方で，EFL（English as a foreign language）学習者を対象としたVSMに関する研究はあまり見られない．

4.4　日本人の英語学習者によるビデオ活用

近年では，日本人の大学生を対象としたビデオ活用の研究（Okada, 2011, 2012, 2013; 岡田・いとう, 2014; Okada & Sawaumi, 2015; Okada, Sawaumi & Ito, 2014）も継続的に進められている．まず，ビデオを用いた振り返りに関する研究（Okada, 2011）では，学生（N = 17）はオーラルプレゼンテーションのビデオを視聴しながら，自己評価を実施した結果，声の大きさや話す速さは適切であるものの，間の取り方やアクセントの付け方に問題があると感じている学生が多いことが示されている．

Okada（2012）の研究では，学生（N = 14）を対象として，オーラルプレゼンテーションを2回実施し，それぞれの予行練習と本番のパフォーマンスを撮影した．ビデオを自己評価した結果，本番のビデオに対する評価が高い傾向が示され，この結果は予行練習を実施することにより本番の質を向上させる結果につながることを明らかにしている．

さらに，学生（N = 43）を対象としたビデオ撮影・視聴に対する意識を検討したところ，全体的に学生はビデオの活用を肯定的に捉える傾向が示されている（Okada, 2013）．学生はオーラルプレゼンテーションを2回実施し，それぞれ予行練習と本番のパフォーマンスを撮影・視聴した後，ビデオの撮影・視聴に関する自由記述回答を求められた．その結果，学生のほとんどが英語授業でビデオを撮影・視聴することを肯定的に捉える一方，ビデオ操作などに関連したトラブルの改善を求める学生も存在することが指摘されている．

Okada & Sawaumi（2015）は学生（N = 19）のプレゼンテーションを撮影し，自己評価・ピア評価と英語力別による評価方法の差異について検証した．研究手順についてはOkada（2013）を参考にし，予行練習を含んだオーラルプレゼンテーションが2回実施された．評価シートに記入された自由記述コメントは内容分析された．自己評価とピア評価の得点を分析した結果，すべての項目においてピア評価のほうが有意に高く，これは先行研究（Peng, 2009; Guo, 2013）の結果とも一致しており，学習者同士の親密度が高い場合は他の学習者に対する評価が甘くなる傾向が指摘されている．また英語力別に比較すると，英語力下位群は聴覚的情報より視覚的情報のほうに依存する傾向が示唆されている．

岡田・いとう（2014）は，英語教育における自己評価・ピア評価におけるビデオ活用の効果を検討した．日本人大学生（N = 39）を対象とし，ビデオあり群は予行練習を撮影し，そのビデオを視聴しながら自己評価・ピア評価を実施した．一方で，ビデオなし群は予行練習を見ながらピア評価を行い，自己評価については回顧的になされた．その結果，ビデオを活用することが自己に対する批判的思考を促す効果を生み出すことや，学習者のパフォーマンスを客観的な判断能力を向上させることが示唆されている．

Okada, Sawaumi, & Ito（2014）は，日本人の学生（N = 29）の英語授業におけるオーラルプレゼンテーション能力を育成するために観察学習を取り入れ，学習者の英語力によって観察学習の効果がどのように異なるかについて検討した．上位群・下位群ともオーラルプレゼンテーション（合計3回）を撮影し，そのビデオを見ながら自己評価とピア評価を実施した．観察学習には，前年度に同授業を履修していた学生によるオーラルプレゼンテーションのビデオからモデルとして適当な映像を複数選び，学習者にサンプルビデオとして視聴させた．観察学習は上位群に対して2回目のプレゼンテーションの前，下位群に対しては3回目の前に実施した．1回目と2回目の自己評価・ピア評価の得点を分析したところ，上位群の導入・本文・結論などの内容に関する得点が有意に向上した．また，2種類の自由記述回答を分析した結果，サンプルビデオを活用した観察学習は上位群に対しては効果があったが，下位群にとっては学習の意欲を減退させることが示された．

前述のように，日本人学習者を対象とした英語教育におけるビデオ活用は多くの場合，教室での学習者のパフォーマンスを撮影し，そのビデオを視聴することで言語スキルやプレゼンテーション能力に関する発達が検証されている．また，全体的な研究の特徴として，実験を取り入れた場合の対象者の人数が比較的少ないことも明らかである．これは，授業中にビデオの撮影や視聴を実施する場合，時間的な制約や学習者による準備などを考慮する必要が生じることから，ビデオ活用の研究を進めるにあたって多数の対象者を同時に集めることは容易ではないと考えられる．

4.5　英語以外の外国語教育におけるビデオ活用

英語以外の外国語教育の分野においても，ビデオ使用による有用性が明らかにされている．たとえば，アメリカの大学でスペイン語クラスを履修している学生（$N = 9$）を対象とし，スペイン語のスピーキング能力についての回顧的な自己評価の役割やその効果が検証された（Castañeda & Rodríguez-González, 2011）．11週間にわたって宿題として提出されたドラフト段階のビデオスピーチ（4回），回顧的な自己評価に関するアンケート，事後アンケート回答が分析された．その結果，スペイン語のスピーキング能力における長所と短所を振り返り，自らに対する気づきを高める可能性が指摘されている．さらに，他の学生のビデオスピーチを視聴することによって自らのスピーチの書直しが効率的に進むことが示されている．

日本語を第二言語としている学習者（$N = 25$）を対象とした研究（浅岡, 2013）では，4か月間にわたって学習者によるペア活動をiPhoneで撮影し，即時にビデオを視聴して教師がフィードバックを与えることによる効果を検討した．その結果，即時訂正フィードバックは学習者による間違いを客観的に観察させ，言語に対する注意を喚起し，気づきを促す効果があることを示唆している．

以上，スペイン語や日本語授業におけるビデオ活用の研究で述べたように，学習者のビデオ活用による教育的効果を検証するには時間が必要だということである．長期間にわたって学習者のパフォーマンスを継続的に撮影し，その映像を視聴することを通して学習者による言語発達に関する視覚的・聴覚的な観点からの分析が可能になると考えられる．

5　ビデオカメラを用いた研究を進めるにあたって

本章では，教員実習や外国語授業において撮影されたパフォーマンスビデオの視聴による効果について言及してきたが，ビデオが実際にどのような過程を経て撮影されているかについてあまり議論が進んでいないように見受けられる．ここでは，ビデオカメラを使って撮影する過程で注意すべき点について指摘することにする．

まずビデオカメラであるが，近年では高画質で軽量化された製品が一般家庭にも広く普及している．したがって，教室におけるビデオ研究でも同様のカメラで十分対応が可能であるだろう．たとえば，片手持ちタイプのビデオカメラは望遠レンズを使って大写しできることから，ペアやグループによるインタラクションなどの研究に頻繁に使用されている（Jewitt, 2012）．また，安定したインタラクションを長時間にわたって撮影する場合は，三脚付きの大型カメラなどが使われる傾向にある（Jewitt, 2012）．最近ではビデオカメラで撮影した映像をパソコンで編集することも可能であるため，パソコンとの互換性を考慮したうえでどのようなビデオカメラを使用すべきか検討すべきだろう．

また，撮影のときにビデオカメラに三脚を付けて固定させるか，あるいは片手持ちカメラを持って教室を歩きまわるかという点についても意見が分かれる．片手持ちカメラでは学習者や教師まで近寄ることができ，詳細まで撮影することは可能である．しかし，カメラを手で抱えているために映像がぶれてしまう可能性も無視できない．したがって，映像分析の目的を明確にすると同時に，両タイプのカメラの特長を理解してから撮影するのが望ましいと考えられる．

撮影に使用するカメラは必ずしも1台で十分とは限らない．複数のカメラを使って撮影する場合は，三脚で固定させて撮影するカメラと教室を巡回しながら撮影する片手持ちカメラなどを使用することもできる．そうすれば，データとなる学習者や教師の教育現場における様子を多角的に分析できる．また，最近のデジタルビデオカメラ用のソフトウェアアプリケーションを使えば，複数カメラで撮影した映像を1つの画面で視聴することが可能である（Jewitt, 2012, p.17）．

さらに，ビデオの撮影・視聴は1回だけではなく，数回実施することが重要である．Orlova（2009）は，教員人生の中で自己省察を続けることが重要であり，教室における実践についての省察の継続が教師としての能力向上の鍵になることを強調する．教員研修におけるビデオ活用においてはOsipova et al.（2011）の研究では6回，Hamilton（2012）は2回，それぞれビデオを撮影している．観察学習の研究ではOkada et al.（2014）が3回，外国語教育におけるビデオの活用の検討ではCastañeda & Rodríguez-González（2011）が4回，Okada（2012, 2013）では2回，Okada & Sawaumi（2015）では2回，学習者のパフォーマンスをビデオ撮影し，自己省察と評価を行っている．省察の実践は一晩で達成できるものではなく，何度も経験することによって上達するという考え方から，学年度を通して数回，撮影することを勧めている（Mourlam, 2013, p. 23）．ビデオを活用した自己省察は数回実施することによって効果が増すと考えられる．したがって，学習者や教師を撮影し，映像を自己評価や省察することで他者の立場から自身を観察できるだろう．さらに，自らの長所や短所に気づくだけでなく，その改善策を自ら探すことができるようになると期待できる．

6　おわりに

以上のように，本章では教育におけるビデオ活用とその効果について検討した．教育実習や外国語授業において学習者をビデオ撮影し，その映像を観察・分析することから様々な可能性が明らかになる．ビデオで過去を振り返ることは，過去の事実をそのまま受け入れるだけではなく，他者や自分自身に対して新たな気づきをもたらす．人は他人を観察してまねることによって自らの行動を肯定的に変えることが可能になる．また，自分自身をビデオで観察することによって，自らの行動に影響を及ぼすことは広く知られている．この章ではビデオを使用した省察がいかに効果的であるかという点に注目し，ビデオを取り入れた先行研究を紹介した．ビデオ映像活用の効果だけでなく欠点などの検証も進めていくことが必要だろう．

日本人学習者がビデオを通して過去における自身と他の学習者のパフォーマンスを視聴することによって，将来，自らのパフォーマンスを分析的に評価する能力が高まることが期待される．とりわけ，ビデオは学習者の発声方法やボディランゲージなどに対する客観的な評価を可能にし，学習者自身の長所・短所に対する気づきを高める効果があることが明らかになっている．日本人の英語によるコミュニケーション能力の育成が求められている昨今，学習者の英語能力の向上を目指すために，このようにビデオを教育的に活用することは有意義だと考えられる．今後，高等教育だけでなく初等中等教育段階における英語教育の中で，ビデオの教育的活用に関する実証的研究がますます進むことを期待したい．

英語文献

Boisvert, P., & Rao, K. (2014). Video self-modeling for English language learners. *TESOL Journal,* 1-23. doi:10.1002/tesj.135

Castañeda, M., & Rodríguez-González, E. (2011). L2 Speaking self-ability perceptions through multiple video speech drafts. *Hispania, 94* (3), 483-501. Retrieve from http://www.jstor.org/stable/23032122

Dowrick, P. W. (1999). A review of self modeling and related interventions. *Applied and Preventive Psychology, 8,* 23-39. doi: 10.1016/S0962-1849(99)80009-2

Guo, R. X. (2013). The use of video recordings as an effective tool to improve presentation skills. *Polyglossia, 24*, 92-101.

Hamilton, E. R. (2012). Video as a metaphorical eye: Images of positionality, pedagogy, and practice. *College Teaching, 60*(1), 10-16. doi: 10.1080/87567555.2011.604803

Jewitt, C. (2012). *An introduction to using video for research*. Retrieved from National Centre for Research Methods Working Paper 03/12 website: http://eprints.ncrm.ac.uk/2259/4/NCRM_workingpaper_0312.pdf

Lofthouse, R., & Birmingham, P. (2010). The camera in the classroom: Video-recording as a tool for professional development of student teachers. *Tean Journal, 1*(2) December. Retrieved from http://bit.ly/tyfJ5M

McCurry, D. S. (2000). Technology for critical pedagogy: Beyond self-reflection with video. *Proceedings of Society for Information Technology and Teacher Education International Conference*, 1-3. Retrieved from ERIC database. (ED444458)

Mourlam, D. (2013). Lights, camera, reflection. *Learning & Leading with Technology, 40*(5) February, 22-24. Retrieved from http://www. learningandleading-digital.com/learning_leading/201302?pg=24 #pg24

Okada, Y. (2011). Reflecting on students' videotaped presentations. *Journal of Teaching English, 20*, 41-54.

Okada, Y. (2012). Video feedback comparison with EFL students. *Studies in Language Education, 4*, 17-33.

Okada, Y. (2013). EFL learners' positive perceptions with regard to reviewing their classroom performance. *Proceedings of the 18th Pan-Pacific Association of Applied Linguistics Conference*. 2 pages.

Okada, Y., & Sawaumi, T. (2015). Factors affecting student evaluation of video-recorded performance. *Research Bulletin Liberal Arts Edited by Nihon University College of Economics, 77*, 267-280.

Okada, Y., Sawaumi, T., & Ito, T. (2014). Different effects of sample performance observation between high and low level English learners. *The 6th Centre for Language Studies International Conference Proceedings*, 394-413. Retrieved from http: //www. fas. nus. edu. sg/cls/CLaSIC/clasic2014/Proceedings/okada_yasuko.pdf

Orlova, N. (2009). Video recording as a stimulus for reflection in pre-service EFL teacher training. *English Teacher Forum, 2*, 30-35. Retrieved from ERIC database. (EJ923452)

Ortiz, J., Burlingame, C., Onuegbulem, C., Yoshikawa, K., & Rojas, E. (2012). The use of video self-modeling with English language learners: Implications for success. *Psychology in the Schools, 49*(1), 23-29. doi: 10.1002/pits.20615

Osipova, A., Prichard, B., Boardman, A., Keily, M. T., & Carroll, P. (2011). Refocusing the lens: Enhancing elementary special education reading instruction through video self-reflection. *Learning Disabilities Research and Practice, 26*, 158-171. doi: 10.1111/j.1540-5826.2011.00335.x

Peng, J. F. (2009). *Peer assessment of oral presentation in an EFL context.* (Doctoral dissertation) Retrieved from Dissertation Abstracts International (3380148).

Shrosbree, M. (2008). Digital video in the language classroom. *The JALT CALL Journal, 4*(1), 75-84.

Tochon, F. (2008). A brief history of video feedback and its role in foreign language education. *CALICO Journal, 25* (3), 420-435. Retrieved from https://calico.org/html/article_709.pdf

日本語文献

浅岡信義（2013).「即時訂正フィードバックの効果: 初級日本語授業におけるビデオ撮影を利用した方法の考察」『日本語教育方法研究会誌』*20*(2), 22-23.

太田伸幸・児嶋文寿（2007).「講義ビデオの自己評価を用いた授業能力向上に関する実践－教科教育法Ⅱにおける学生による模擬授業を対象にした取り組み－」『愛知工業大学研究報告』*42*(A), 15-22.

岡田靖子・いとうたけひこ(2014).「自己評価・ピア評価からみた学習者のビデオ映像活用の効果」『日本大学経済学部研究紀要』*76*, 47-55.

三島知剛（2013).「グループディスカッションとモデリングによる教職志望学生の授業観察力の育成」『教育心理学研究』*61*, 277-289.

吉川裕美子（2001).「イギリス高等教育の学位統一への動き－高等教育資格枠組み導入の背景，概要，展望－」『学位研究』*14*, 31-54.

初 出 一 覧

第1章　岡田靖子（2003）「ヨーロッパ3か国の教育事情が日本の児童教育に示唆すること―アイスランド，ノルウェー，リヒテンシュタインの場合」『日本児童英語教育学会研究紀要』*22*，125-135.

第2章　岡田靖子（2004）「リヒテンシュタインにおける小学校英語教育からの一考察」『日本児童英語教育学会研究紀要』*23*，93-107.

第3章　岡田靖子（2011）「リヒテンシュタイン侯国における小・中英語教育の実践報告」『清泉女子大学人文科学研究所紀要』*32*，105-120；『英語学論説資料』*46*(6)，738-745.

第4章　岡田靖子（2006）「大学授業におけるプロセス・ライティングの取り組み―アンケート調査と内省文の分析を踏まえて」『聖学院大学論叢』*18*(3)，249-263.

第5章　Okada, Y. (2009). How do Japanese students view peer response activities?『清泉女子大学人文科学研究所紀要』*30*，119-135.

第6章　Okada, Y. (2013). Using literary texts with text translation and in-class activities.『清泉女子大学人文科学研究所紀要』*34*，157-171；『英語学論説資料』*47*(6), 680-687.

第7章　岡田靖子・いとうたけひこ（2014）「自己評価・ピア評価からみた学習者のビデオ映像活用の効果」『日本大学経済学部研究紀要』*76*，47-55.

第8章　Okada, Y., Sawaumi, T., & Ito, T. (2014). Different effects of sample performance observation between high and low level English learners. *The 6th Centre for Language Studies International Conference Proceedings*, 394-413.

第9章　岡田靖子（2015）「ビデオ映像を活用した省察の事例研究」『清泉女子大学言語教育研究所言語教育研究』*7*, 121-134.

あとがき

著者が2001年にワシントン大学大学院修士課程を修了し，日本の大学で教鞭を取り始めてから今年で15年を迎える．この節目を記念して，本書はこれまで発表した主な論文に修正と加筆を加え，1冊の本として公表することを目的とした．著者はこれまで大学生に英語を教えながら，「英語に対する学習者の関心を高めるにはどうしたらよいか」という課題を考え，試行錯誤を重ねてきた．本書では，「英語教育」を主軸とした3つの異なる研究テーマを通して，日本の小学校における英語授業への示唆だけでなく大学生の英語力や英語学習に対する興味・関心を効率的に高めるための実践を提示した．

本書を執筆することができたのは，和光大学教授いとうたけひこ先生のお力によるところが大きい．心理学を専門とされている先生との出会いは，2013年10月に清泉女子大学で開催された公開セミナーであった．その後，先生にはテキストマイニング分析などで様々なアドバイスをいただくようになった．研究者の心構えについて先生から学んだことは，「目標達成のための効楽安近短モデル」を実践するということである．「効楽」は「達成的・時間的ベネフィットの最大化」であり，「安近短」は「心理的・時間的・金銭的・資源的コストの最小化」を意味する．いとう先生のように，著者も楽しく研究を続けていければと思う．

また，東洋女子短期大学の教授であった土屋元子先生には，卒業後も公私にわたり大変お世話になった．著者が英語英文科の学生だった当時，まだインターネットが普及しておらず，海外の貴重な情報源は大学の先生方であった．土屋先生はロンドンへの留学経験を持ち，音声学の授業では流暢なイギリス英語を発音しながら講義を進めてくださった．授業の中で，「ロンドンの劇場では，客席からこうやって下を覗くようにしてお芝居を楽しむところもあるのよ」と話してくださった．卒業後，14年も経ってから初めてイギリスへ旅行し，ロンドンで「マンマ・ミーア」を見た時に先生の話を思い出した．英語教育者として，学生が興味を持つような授業をしてくださった土屋先生の姿は，著者の目標でもある．

もうお一人，大阪教育大学の加賀田哲也先生を挙げさせていただきたい．加賀田先生はワシントン大学大学院の先輩にあたり，大学院で日本言語学を専攻した著者に「英語を教えたらどうですか」と声をかけてくださった方である．英語教育に携わるようになってからも，先生には研究上のご示唆や発表の機会を折りに触れて与えていただいた．英語授業研究学会や児童英語教育学会で長年にわたって活躍している先生に，著者はいつも励まされてきた．

本書をとりまとめるにあたり，原稿の点検をしてくれた和光大学の堀口裕太さんに感謝したい．風間書房社長の風間敬子氏と斉藤宗親氏には刊行まで大変お世話になった．ここに記して謝意を表する．また，子育てをしながら研究を進めるために，家族の協力と励ましが不可欠であった．学会などで家を留守にすることもあったが，いつも快く送り出してくれた夫と子どもたちにこの場を借りて心からありがとうの言葉を伝えたい．

最後に，いつでも教壇に立つことができるように，多年にわたり著者の洋服を作り続けてくれた母・藤田満子に心からの敬意と感謝を捧げたい．

2016年1月

岡田　靖子

[著者紹介]

岡田　靖子（おかだ　やすこ）

清泉女子大学・日本大学・東洋学園大学非常勤講師.
東京都生まれ. 1990年, 東洋女子短期大学を卒業後, 日本長期信用銀行に勤務. 5年間の銀行勤務を経てカリフォルニア州立大学サンマルコス校に学士編入学し, 卒業. その後, ワシントン大学シアトル校大学院修士課程を修了. 神田外語大学留学生別科非常勤講師, 聖学院大学特任講師を経て現職. 専門は英語教育学.

英語力を伸ばす教育実践
——興味・関心を高める日本と海外の取り組み——

2016年4月15日　初版第1刷発行

著　者　岡　田　靖　子
発行者　風　間　敬　子
発行所　株式会社　風　間　書　房
〒101-0051　東京都千代田区神田神保町1-34
電話03(3291)5729　FAX 03(3291)5757
振替00110-5-1853

印刷　藤原印刷　　製本　井上製本所

NDC 分類：375.893

ISBN978-4-7599-2131-1　Printed in Japan